Vanessa Nardari

Au cœur du tarot

Guide facile et concret
pour interpréter
tous vos tirages amoureux

Le lotus & l'éléphant

Illustrations : Nicolas Galowski
Édition : Lucie VanHerpen
Préparation de copie : Tomek Gayral
Relecture : Nathalie Rachline
Fabrication : Anne-Laure Soyez
Contact : support@lelotusetlelephant.com

Dépôt légal : janvier 2025
ISBN : 978-2-01-727969-3/01
81-3047-6

Achevé d'imprimer en Espagne en janvier 2025

Vanessa Nardari

Au cœur du tarot

Guide facile et concret
pour interpréter
tous vos tirages amoureux

Le lotus & l'éléphant

SOMMAIRE

INTRODUCTION

♥

Les subtilités des lames du tarot peuvent parfois dérouter au point de rendre les interprétations complexes, quelle que soit la thématique abordée lors d'un tirage.

Ce guide reliant le tarot et l'amour au sens large du terme, en incluant les relations sentimentales, amicales, mais aussi et surtout l'amour de soi, a pour but d'aider à faciliter l'interprétation des arcanes.

Cette thématique s'est imposée à moi naturellement car j'ai constaté lors de guidances privées, sur les réseaux sociaux ou bien lors de conversations avec des consœurs que c'est un sujet très souvent mis en priorité.

Avec cet ouvrage, je vous propose de découvrir les arcanes du tarot dans le domaine de l'amour afin de vous éclairer lors de vos tirages.

La première partie est dédiée à la présentation des 78 arcanes.

La seconde partie est consacrée aux tirages dans différentes thématiques en lien avec l'amour de soi, pour les personnes en couple cherchant à comprendre leur relation et à la faire avancer, et enfin, des tirages concernant les célibataires.

Il s'agit de tirages ayant pour but de vous apporter des conseils et une meilleure compréhension de vos situations respectives.

Je vous souhaite une belle découverte du tarot sous le prisme de l'amour ainsi qu'une meilleure compréhension de vous-même et de vos relations.

COMMENT LIRE LES ARCANES ?

Chaque arcane sera présenté sous forme de carte d'identité afin de vous aider à faire une lecture rapide de la lame. Elle est composée des rubriques suivantes :

Affirmation : il s'agit d'une affirmation inspirante en lien avec l'énergie de la carte. Vous pouvez retrouver ces affirmations dans *Ma petite boîte à messages : Les messages du tarot* aux éditions Le Lotus et l'éléphant.

En bref : des mots-clés afin de déchiffrer rapidement la signification des cartes dans leur position droite ou inversée.

Présentation de l'arcane : explication de la signification générale de la carte, mais aussi dans son aspect relationnel et inversé. Il s'agit là d'explications pouvant aider à mieux cerner la psychologie, le comportement des personnes concernées par le tirage ou bien la situation vécue.

Guidance : message inspirant afin de restaurer son amour et estime de soi et impulser des changements en soi.

Interprétation : il s'agit d'interprétations possibles, en sens général ou inversé, lors d'un tirage. Cela concerne autant les personnes en couple que les

célibataires. Les interprétations sont à affiner selon les cartes avoisinantes.
Ce guide peut vous aider lors de tirages avec une question précise. La section dédiée aux interprétations possibles vous aidera à y répondre. De plus, vous pouvez mettre en pratique les tirages proposés dans la seconde partie, où la présentation de l'arcane sera d'un grand soutien.

Intentionnellement, je ne parle pas d'associations entre les cartes car, selon moi, cela empêche d'écouter son intuition lors d'un tirage.

Quel tarot utiliser ?
À toutes fins utiles, ce guide est basé sur le tarot de type Rider-Waite Smith dans sa structure et son interprétation.

LES ARCANES MAJEURS

0 - LE FOU

AFFIRMATION

J'ose sortir de ma zone de confort et vivre de nouvelles expériences.

EN BREF

Général : Impulsion – Oser prendre des risques – Engouement – Indépendance – Curiosité.
Inversé : Avoir du mal à faire confiance en amour – Fuite – Manque de responsabilité – Refus de s'engager.

PRÉSENTATION DE L'ARCANE

La position du Fou diffère selon la perception de chacun. Sa carte ne portant pas de numéro, il peut être considéré comme le numéro zéro, juste avant Le Magicien, ou bien le vingt-deuxième arcane majeur, juste après Le Monde. Il peut représenter soit le début, soit la fin d'un cheminement intérieur. Il pousse à faire preuve d'audace, à oser se libérer des liens qui nous entravent, à accepter de laisser place à la spontanéité, sans se soucier du regard des autres ou avoir peur des conséquences de ses actes.

Dans son aspect relationnel, il peut évoquer les débuts enflammés d'une relation, l'envie de découvrir l'autre et de vivre l'instant présent à fond sans se soucier du lendemain. Le Fou est également doté d'une immense curiosité, il veut tout connaître. Tout le passionne et il a envie de découvrir et d'apprendre un maximum de choses. Il peut charmer par sa candeur, sa naïveté et son esprit enfantin.

Dans son aspect Inversé, il peut manquer de sagesse, de maturité, et donc prendre des risques inutilement. Il est également possible qu'il ait peur de perdre sa liberté, alors qu'elle prime sur tout le reste. Ses réactions spontanées peuvent parfois être incomprises, voire dérouter.

GUIDANCE

Impulser du changement dans votre vie et oser sortir de votre zone de confort vous permettra de partir à la découverte de nouveaux horizons. Le moment est venu d'expérimenter, d'oser être soi à part entière et de faire preuve d'audace. La spontanéité est de mise, tout comme le fait de se détacher du regard des autres. Cela vous fera ressentir un élan de liberté.

INTERPRÉTATION

En relation & Célibataire

- Démarrage d'une nouvelle relation.
- Vivre la relation à fond et découvrir l'autre sous toutes ses facettes, sans se soucier du lendemain.
- Redémarrer une relation existante avec confiance en l'abordant avec plus de spontanéité.
- Vous êtes dans une relation enrichissante où vous apprenez l'un de l'autre.
- Relation un peu risquée, mais vous en voyez le potentiel et l'évolution possible.
- Il faut se lancer, faire le premier pas ou bien répondre positivement à une invitation.
- Vous profitez pleinement de votre célibat en faisant preuve d'audace, par exemple en osant faire ce que vous n'avez jamais fait.
- Nouvelle rencontre, pleine d'engouement, qui apporte un élan de légèreté.

En inversé ou blocage

- Peur de s'engager et de perdre sa liberté.
- Difficultés à trouver sa place dans la relation. On marche sur des œufs avec son/sa partenaire, on craint sa réaction.
- Fuite devant une difficulté rencontrée, même minime.
- Peur du changement dans la relation, alors qu'il s'agit de s'adapter à l'autre et de trouver la bonne formule.

I - LE MAGICIEN

AFFIRMATION

Je prends conscience de mes compétences, je m'en sers pour me lancer dans de nouveaux projets.

EN BREF

Général : Commencement – Esprit d'initiative – Opportunité – Besoin d'agir – Nouveau départ – Art de convaincre.
Inversé : Manque d'initiative – Doute – Triche – Énergie d'action bloquée.

PRÉSENTATION DE L'ARCANE

Le Magicien aide à prendre conscience de tout le potentiel présent en soi. Il pousse à se lancer et à mettre du mouvement dans sa vie. Il invite à être acteur en étant conscient de sa valeur, mais aussi de ses besoins.

Dans son aspect relationnel, il peut être celui qui montre le plus d'assurance dans le couple en endossant le rôle du meneur ou celui qui est force de proposition. En bon communicant, il exprime de manière claire ses besoins. Il manie bien les mots et sait dire, avec diplomatie, lorsque quelque chose lui convient ou pas. Il peut également être question d'une personne ayant appris de ses expériences passées qui est prête à se lancer dans une relation. De manière plus large, Le Magicien évoque l'envie de passer à l'action en connaissant ses atouts et ses compétences afin de donner un nouveau souffle à sa vie.

Dans son aspect inversé, il vient mettre en exergue un manque de confiance en soi, de motivation ou de volonté de changer les choses pour soi. Ce manque d'envie peut créer des frustrations, voire des situations conflictuelles. Il peut également s'agir d'une personne qui manie bien les mots afin de cacher ce qu'il ne souhaite pas exprimer ou montrer.

GUIDANCE

C'est le moment d'agir pour soi. Il est bon de considérer comme un atout toutes les expériences, bonnes ou mauvaises, qui ont été mises sur votre route ainsi que les connaissances acquises jusqu'à présent. Vous sortez du calme de votre quotidien en vous lançant dans un nouveau projet personnel, professionnel, créatif ou bien de couple. Vous entrez dans une nouvelle dynamique afin d'atteindre vos nouveaux objectifs.

INTERPRÉTATION

En relation & Célibataire

- Début d'une relation ou d'une amitié.
- Relation dans laquelle les objectifs sont communs, envie d'avancer ensemble.
- Période propice à la rencontre avec un intérêt partagé.
- Vous exploitez votre plein potentiel pour faire des rencontres, par exemple lors d'une soirée improvisée, d'une conférence ou bien en intégrant un nouveau groupe.
- C'est le moment d'agir, d'être dans l'action et de mettre du mouvement dans sa vie.

En inversé ou blocage

- Ignorer ses vrais besoins, que ce soit dans une relation ou pour soi.
- Réticence à se lancer dans une relation, il y a des freins. Il est bon d'en prendre conscience.
- Manque d'honnêteté envers soi ou envers l'autre.
- Vous optez pour l'inaction en pensant ne pas prendre de risques.

II - LA GRANDE PRÊTRESSE

AFFIRMATION

J'ose suivre mon cheminement intérieur en écoutant attentivement les messages de mon intuition.

EN BREF

Général : Intuition - Connaissance - Solitude - Gestation - Attente - Inconscient - Concentration.
Inversé : Silence difficile à supporter - Isolement - Froideur - Secrets - Manque de communication.

PRÉSENTATION DE L'ARCANE

La Grande Prêtresse est reliée à l'intuition, au travail intérieur et aussi à l'apprentissage, notamment par la lecture de livres. C'est une carte qui fait également référence à des moments de repli sur soi, au silence, pour apprendre à mieux s'écouter et ainsi se connecter à son intuition. La Grande Prêtresse prend son temps. Il est donc bon de faire preuve de patience lorsqu'elle sort dans un tirage.

Dans son aspect relationnel, il peut être question de s'accorder des moments à soi afin d'être plus à l'écoute de ses ressentis. Un mystère peut être entretenu, quitte à cacher des informations ou ses sentiments, consciemment ou inconsciemment. Cette carte peut représenter une personne d'aspect calme, introvertie, qui aime se nourrir de connaissances et qui peut avoir tendance à maintenir une distance, en posant certaines limites ou bien en étant très pudique.

Dans une relation, l'un des partenaires peut être quelqu'un de très intuitif, de sensible, qui a besoin de moments de solitude qu'il faut savoir respecter. En revanche, il est important de maintenir une communication, car une distance peut vite s'installer. Quelle que soit la situation, l'intuition est la plus grande alliée que l'on puisse avoir.

Dans son aspect inversé, La Grande Prêtresse fait référence à un isolement poussé à l'extrême, voire à du mutisme. Cela peut se matérialiser par le fait de garder des choses pour soi, comme des secrets ou bien des non-dits. Attention aux vieilles rancunes. Il est également possible que cette froideur apparente fasse peur et n'incite pas l'entourage à interagir avec soi.

GUIDANCE

Il vous est conseillé de vous accorder des moments sacrés avec vous-même dans le but de vous reconnecter à votre intuition. Cela sera l'occasion d'effectuer un travail introspectif qui vous amènera à une meilleure compréhension de votre état intérieur actuel. L'écriture peut être une alliée précieuse durant cette période, afin de déceler les messages que votre âme a à vous délivrer.

INTERPRÉTATION

En relation & Célibataire

- Vous pouvez ressentir que tout n'est pas dit dans votre relation, que ça vienne de vous ou du/de la partenaire. Une clarification est nécessaire.
- Faire preuve de patience est la clé afin d'en apprendre plus ; la vérité sera dévoilée.
- Il peut y avoir un projet de couple en gestation, quelque chose qui va s'inscrire sur la durée.
- Possibilité d'avoir un coup de cœur ou d'être attiré·e par une personne, mais vous préférez le garder secret. Ou inversement.
- Il y a quelque chose que vous ignorez sur la personne qui occupe vos pensées. Écouter votre intuition et vos ressentis vous aidera à mieux comprendre la situation et à agir en conséquence.
- Vous éprouvez le besoin de vous retrouver seul·e, quitte à vous couper de votre entourage. Un travail introspectif peut être opportun avant de vous ouvrir à une autre relation.
- Un temps de pause est nécessaire pour y voir plus clair sur la situation actuelle, il est conseillé de faire un bilan de son expérience passée afin d'aborder la prochaine autrement.

En inversé ou blocage

- Vous ignorez les messages de votre intuition et, par conséquent, certaines informations vous échappent ou bien vous ne voyez pas certains signaux vous mettant en garde sur la relation ou une situation.
- Il y a trop de secrets ou de mensonges dans cette relation pour qu'elle puisse durer.
- Une personne s'enferme dans le mutisme et prend de la distance.

III - L'IMPÉRATRICE

AFFIRMATION

Je développe une nouvelle manière de communiquer en me connectant à ma créativité.

EN BREF

Général : Instinct maternel – Sensualité – Fécondité – Créativité – Communication – Réalisation de projets.
Inversé : Problèmes avec la féminité – Négligence – Superficialité – Victimisation – Stérilité – Manque de communication.

PRÉSENTATION DE L'ARCANE

L'Impératrice incarne la femme consciente de sa sensualité, de son pouvoir féminin et de ce qu'il provoque chez les autres, mais également une figure maternelle. Elle symbolise la beauté, la fécondité ainsi que la sécurité matérielle. Elle aide à développer sa créativité, les projets prennent forme naturellement dans son esprit. Elle pousse à les exprimer, quel que soit le support ou le moyen.

Dans son aspect relationnel, elle représente souvent la femme maternelle qui fait en sorte qu'il ne manque rien à l'être aimé et à ses proches. Avec elle, les projets prennent forme, par exemple une maternité. On la voit d'ailleurs souvent illustrée avec un beau ventre rond. Il peut aussi s'agir de projets à long terme qu'elle met en œuvre. L'Impératrice favorise la communication dans la relation ; elle pourra aider à installer une belle complicité. Avec elle, la créativité est développée au point qu'il est conseillé de prendre en compte les idées qui peuvent apparaître à notre esprit à tout moment.

Dans son aspect inversé, elle peut faire référence à des blocages qu'on a laissé grandir en soi, par paresse ou négligence. Il peut y avoir un certain laisser-aller, ou bien à l'inverse on peut se baser que sur les apparences et non sur ce qui a réellement du sens. Le manque d'inspiration se fait également ressentir, ainsi que le stress qui peut en être une conséquence. C'est pourquoi les projets de vie sont au ralenti : il y a un manque d'investissement, de soi ou bien du/de la partenaire. Certains peuvent même ne jamais aboutir.

GUIDANCE

De nouvelles inspirations foisonnent dans votre esprit. Il est temps de les faire naître. Vous êtes invité·e à vous exprimer de toutes les façons possibles. C'est le moment parfait pour concevoir ce qui vous anime au plus profond de vous. Vous êtes envoûtant·e et captivant·e. Osez en faire un atout afin de voir vos œuvres se réaliser.

INTERPRÉTATION

En relation & Célibataire

- Vous savez exprimer vos besoins, mais également vos idées pour faire évoluer votre relation. Votre partenaire est conscient·e de votre valeur.
- La relation est riche, un lien fort vous unit. Vous atteignez une maturité dans l'expression de vos sentiments et dans la conception de projets communs.
- Si votre couple traverse une crise, la communication est la clé pour désamorcer tout problème ou malentendu. Vous comprendrez ainsi mieux le point de vue de l'autre.
- Un projet de grossesse est possible ou bien un projet sur le long terme.
- Vous êtes dans une période où il est bénéfique de prendre soin de vous, de votre corps. Il faut vous apporter toute l'attention nécessaire à votre bien-être.
- Vous êtes concentré·e sur le bon déroulement de vos projets. Le succès est à votre portée.
- C'est une bonne période pour s'ouvrir à de nouvelles rencontres et vivre des relations enrichissantes dans votre entourage.
- Vous prenez conscience de votre pouvoir de séduction. Vous attirez l'attention et vous l'assumez.

En inversé ou blocage

- La relation est stérile ; il n'y a rien de possible pour le moment.
- Vous vous négligez et vous perdez confiance en vous.
- La relation est basée sur du superficiel et non sur de l'authenticité.
- Possibilité de perte d'envie.

IV - L'EMPEREUR

AFFIRMATION

Je fais preuve de structure et de discipline dans les démarches que j'entreprends.

EN BREF

Général : Fiabilité – Sens des responsabilités – Protection – Réalisation – Confiance.
Inversé : Rigidité – Égoïsme – Entêtement – Domination – Blocage – Instabilité dans la relation.

PRÉSENTATION DE L'ARCANE

L'Empereur incarne une figure paternelle, le chef de famille, le dirigeant d'entreprise, celui qui assume ses responsabilités, l'homme sur lequel on peut compter. Il amène de la stabilité dans un projet ou bien dans les relations, quelle qu'en soit la nature. Sa présence apporte puissance et structure grâce à son sens de l'organisation.

Dans son aspect relationnel, L'Empereur évoque une personne qui a de forts principes et une grande loyauté. Avec lui, l'envie d'une relation stable et structurée est présente. Il peut symboliser une personne capable de s'investir dans une relation solide et durable. En revanche, il ne faut pas s'attendre à des déclarations dignes d'une comédie romantique : ce n'est pas son fort. Mais il promet une relation constructive et stable. Quel est le plus important pour vous ?

Dans son aspect inversé, il peut être dominateur, car il cherche à tout contrôler, se révélant intransigeant, voire rigide, et il peut montrer son fort caractère en fonction des circonstances. Il est même possible qu'il s'enferme dans une forme de mutisme. Lorsqu'il n'est pas dans de bonnes dispositions, on se heurte à un mur. Par conséquent, la relation peut être déséquilibrée et cela peut engendrer une crise. Il est important que les bases de la relation soient saines afin qu'elle perdure.

GUIDANCE

Il est important de mettre en place une nouvelle structure dans votre vie afin de vous assurer une certaine stabilité. Pour cela, pensez à ce dont vous avez besoin afin de créer de nouvelles fondations et de trouver un équilibre intérieur, affectif, professionnel ou bien créatif. Le plus important, c'est qu'une organisation soit mise en place dans votre quotidien de manière à atteindre vos objectifs personnels.

INTERPRÉTATION

En relation & Célibataire

- Consolidation d'une relation solide et durable. Votre partenaire est prêt·e.
- Il est de votre responsabilité de prendre les choses en main dans la relation. Pensez à la manière dont vous souhaitez la structurer afin qu'elle puisse perdurer.
- Votre partenaire va tout faire pour proposer une relation stable et sécurisante. Votre bonheur est sa priorité.
- Une personne stable et pour qui former un couple est important va se manifester.
- Il serait intéressant pour vous de restructurer votre vie afin de retrouver un fonctionnement plus sain, qui vous convienne réellement.

En inversé ou blocage

- Manque de stabilité et de structure dans la relation. Les fondations sont fragiles et peuvent vite être ébranlées.
- Vous êtes face à une personne fermée, qui ne se remet pas en question, avec qui la discussion est difficile. Ou peut-être s'agit-il de vous.
- Attention à ne pas être trop rigide et inflexible. Il serait bon de ne pas se braquer.

V - LE PAPE

AFFIRMATION

Je fais appel à mon sage intérieur en toutes circonstances. Je puise dans mes connaissances ou bien j'ose demander conseil afin d'affiner mon jugement et mes choix.

EN BREF

Général : Enseignement – Spiritualité – Sagesse – Guide – Respect – Union – Nouvelle communication.
Inversé : Manque de foi – Mauvaises influences – Rigidité – Mauvais conseils – Manque de communication.

PRÉSENTATION DE L'ARCANE

Le Pape représente une personne mûre, parfois plus âgée, pleine de sagesse en raison de son expérience. Il partage ses conseils et son savoir afin d'éclairer son auditoire dans son cheminement intérieur. Il ouvre la porte à une voie sacrée en chacun, souvent reliée à la tradition ou bien à la religion. Par conséquent, il peut être question de confirmer une union par des liens du mariage, d'échanger sur un sujet spirituel ou bien d'envisager une personne comme un mentor.

Dans son aspect relationnel, Le Pape représente une personne que l'on écoute, car sa parole est importante. Son expérience et son savoir peuvent éblouir. Il est possible qu'il y ait une grande différence d'âge dans le couple. De plus, il peut être considéré comme une personne qui apporte des réponses. Par conséquent, il peut représenter un conseiller, un homme de foi ou bien un enseignant. Le Pape indique également qu'une nouvelle forme de communication, plus sacrée, voire spirituelle, peut s'installer dans une relation. Il devient possible de s'élever ensemble.

Dans son aspect inversé, il va être question de rigidité, d'un esprit cloisonné par ses idées bien arrêtées et qui peut vouloir les imposer. Il est possible de recevoir de mauvais conseils, d'être face à une personne qui s'éloigne ; le lien sacré se défait. Une situation conflictuelle peut en naître.

GUIDANCE

Votre spiritualité va être amenée à évoluer. En effet, de nouveaux enseignements, des ouvrages ou bien des discussions sur des sujets qui vous intéressent vont entraîner votre esprit à adopter une nouvelle vision de la vie. Vous êtes convié·e à approfondir un domaine afin de vous ouvrir à une nouvelle manière d'aborder les choses.

INTERPRÉTATION

En relation & Célibataire

- Vous êtes en couple ou bien vous rencontrez une personne plus mature que vous qui va vous apporter beaucoup grâce à son expérience.
- Vous êtes en lien avec une personne plus âgée que vous et qui vous aide.
- Discussion enrichissante avec une personne que vous considérez comme un mentor.
- Union sacrée, confirmation du lien d'amour par la célébration d'un mariage.
- Relation sérieuse menant à un vrai engagement.

En inversé

- Vous recevez de mauvais conseils d'une personne dont l'avis compte pour vous.
- Vous êtes face à une personne fermée d'esprit et qui pense avoir raison.
- Rupture.
- Endoctrinement : prenez du recul.

VI - LES AMOUREUX

AFFIRMATION

Je donne de l'importance à ce que mon cœur me dit. Je fais mes choix en conséquence.

EN BREF

Général : Amour – Rencontre – Faire un choix – Engagement – Complétude – Tomber amoureux.
Inversé : Refus de s'engager – Indécision – Hésitation – Déséquilibre – Séparation.

PRÉSENTATION DE L'ARCANE

Les Amoureux est une carte synonyme d'union, d'association, d'un lien fort ressenti entre deux personnes. C'est également la carte qui fait référence au choix que l'on fait avec le cœur et non avec la raison. En effet, elle pousse à réagir en fonction des émotions ressenties plutôt qu'à suivre les injonctions de la société, les pensées limitantes ou bien lorsque le mental est bien trop présent. Le choix du cœur est ce qui importe, car il est gage d'amour et d'accord avec soi.

Dans son aspect relationnel, la carte annonce la confirmation d'une union, la volonté de s'engager dans une relation ou bien de prendre conscience des sentiments éprouvés envers une personne. Il est question d'agir en cohérence avec son cœur, d'avoir ses pensées et ses décisions parfaitement alignées à soi. Par conséquent, il s'agit de faire les choix qui se révéleront bénéfiques et de s'engager dans la meilleure voie pour soi.

Dans son aspect inversé, le doute est présent. Se connecter à son cœur est compliqué et prendre des décisions l'est tout autant, ce qui peut créer un déséquilibre dans sa relation à soi et aux autres. Il est également question de la fin d'une relation ou bien d'une relation passée qu'il est difficile d'oublier, car des blessures persistent.

GUIDANCE

Vous prenez de plus en plus conscience de votre connexion à votre cœur et à vos émotions. Les moments de doute et d'hésitation laissent place à des certitudes. Vous choisissez une voie et vous vous y engagez pleinement en écoutant votre cœur avec élan. En étant connecté·e à ces énergies, vous vous assurez d'agir au mieux pour vous.

INTERPRÉTATION

En relation & Célibataire

- Une nouvelle rencontre amoureuse.
- Désir de s'engager dans une nouvelle relation ou bien d'en confirmer une déjà existante.
- Vous suivez les élans de votre cœur en toute sérénité.
- Vous êtes conscient·e de vos désirs et les prenez en compte.
- Vous êtes dans des énergies d'amour et prenez soin de vous comme de votre entourage.
- Des sentiments romantiques sont partagés.

En inversé

- Conflit menant à une rupture.
- Relation en lien avec le passé qui n'est pas réglée.
- Difficulté à s'engager dans une relation. Choix du célibat.
- Vous n'arrivez pas à y voir clair et à faire des choix.

VII - LE CHARIOT

AFFIRMATION

Je fais preuve de détermination et de courage face aux obstacles que je rencontre. Le succès est à la clé.

EN BREF

Général : Action – Réussite – Surmonter les obstacles – Faire un choix réfléchi – Entreprendre.
Inversé : Immobilité – Orgueil – Fuite – Actes et pensées non alignés – Ego développé.

PRÉSENTATION DE L'ARCANE

Le Chariot est une carte synonyme d'action. Elle incite à prendre une décision, à choisir une direction et à s'y diriger avec confiance. Avec cet arcane, les événements se déroulent avec rapidité. Il est également question de reprendre les rênes de sa vie pour la mener comme on le désire. Les instincts et pulsions sont pris en compte afin d'aider à choisir entre deux options. Cette carte encourage à se montrer, à être sur le devant de la scène et à avoir confiance en soi.

Dans son aspect relationnel, la décision de se lancer dans une relation est enfin prise. Il peut être également question de se diriger vers une personne pour qui on éprouve de l'intérêt. Une personne se manifeste et montre son assurance. Une connexion s'établit, pouvant mener à un début de relation. Pour les personnes en couple, il peut être question d'apporter un nouvel élan dans la relation ; un des deux partenaires prend les choses en main. De manière générale, Le Chariot aide à s'armer de courage afin d'assumer ses sentiments et ses envies.

Dans son aspect inversé, l'ego est un peu trop présent. L'orgueil peut pousser à agir sans éthique et à l'inverse de ses valeurs. De plus, il peut mettre en lumière un manque de confiance en soi. Par conséquent, les décisions sont souvent prises sur un coup de tête, sans vraiment avoir pris le temps de réfléchir. Le désir de fuite prend ainsi le dessus.

GUIDANCE

Vous impulsez avec détermination une nouvelle dynamique dans votre vie en vous reconnectant à votre pouvoir intérieur. Vous choisissez en toute confiance la direction que vous voulez suivre avec détermination. Préparez-vous à entrer en scène et à briller de votre superbe. Le succès est à votre portée.

INTERPRÉTATION

En relation & Célibataire

- Début de relation passionné.
- Romance sans perspective d'évolution.
- Vous décidez de vous engager ou non dans une relation.
- Il vous est demandé de faire preuve de ténacité et de détermination dans la voie ou relation dans laquelle vous vous lancez.
- Une personne déterminée se dirige vers vous.
- Vous osez vous affirmer en décidant d'agir.

En inversé ou blocage

- Vous fuyez une situation ou une explication.
- Vos actes et vos pensées ne sont pas alignés.
- Vos actions sont menées par votre ego et non votre raison. Attention aux mauvaises décisions.

VIII - LA FORCE

AFFIRMATION

J'apprivoise mes instincts et mes pulsions. Je les transforme en force face aux épreuves que je rencontre.

EN BREF

Général : Force intérieure - Courage - Passion - Magnétisme - Maîtrise de soi - Détermination.
Inversé : Faiblesse - Découragement - Orgueil - Colère - Peur - Égoïsme - Impulsivité.

PRÉSENTATION DE L'ARCANE

La Force nous invite à écouter notre force intérieure et nos désirs afin de les maîtriser. Il s'agit d'être conscient·e de son pouvoir créateur, de ses instincts et de se relier à eux afin d'agir avec courage. Cette carte donne la force d'affronter des situations parfois difficiles. Avec La Force à ses côtés, il devient facile de se relier à son esprit combatif tout en maintenant une maîtrise de soi.

Dans son aspect relationnel, il va être question de prendre conscience d'une attirance envers une personne, d'oser exprimer ses sentiments, ses envies, mais également de faire preuve de courage en se dévoilant. Cela concerne aussi le fait de puiser en sa force intérieure pour trouver le courage d'affronter des situations qui peuvent mettre mal à l'aise, quel que soit le domaine.

Dans son aspect inversé, le manque de confiance en soi prend le dessus au point que la peur domine. La Force indique aussi des sautes d'humeur incontrôlées et, lorsqu'elles sont poussées à l'extrême, de l'impulsivité pouvant aller à un excès de colère.

GUIDANCE

Connectez-vous à votre nature profonde. Cela vous permettra de retrouver votre force intérieure qui ne demande qu'à se manifester, mais également de maitriser vos pulsions ainsi que vos instincts. Vous trouverez la bonne manière de les exprimer.

INTERPRÉTATION

En relation & Célibataire

- Vous ressentez une forte attirance envers une personne, ou inversement.
- Vous vivez une relation passionnée et partagez une alchimie.
- Vous vous connectez à vos instincts et osez les exprimer.
- Vous faites preuve de maîtrise de soi face à tout type de situation.
- Vous prenez conscience de pulsions et arrivez à les maîtriser.

En inversé ou blocage

- Comportement impulsif. Faites en sorte de rester mesuré·e.
- Vous manquez de courage face à une situation, vous craignez d'exprimer ce que vous ressentez.
- Vous préférez fuir qu'affronter la réalité.

IX - L'HERMITE

AFFIRMATION

Je pars à la découverte de moi-même en prenant le temps d'aller dans les profondeurs de mon être.

EN BREF

Général : Quête personnelle – Intériorité – Solitude – Retraite – Introspection – Détachement.
Inversé : Repli sur soi – Lenteur – Incompréhension – Silence – Imprudence – Peur de s'engager.

PRÉSENTATION DE L'ARCANE

L'Hermite invite à prendre le temps. Avec lui, l'action est lente. Il incite à se mettre en retrait afin d'entamer un travail introspectif dans le but de mieux comprendre et assimiler les expériences vécues. Avec lui, la notion de temps n'est pas importante, c'est le travail intérieur qui compte. De plus, le besoin de s'accorder des moments pour soi afin de clarifier ses pensées est nécessaire pour que L'Hermite avance. S'il ne le fait pas ou s'il résiste, il restera dans cet état longtemps, alors il est préférable de le laisser aller à son rythme.

Dans son aspect relationnel, il est possible de se retrouver face à une personne qui se montre distante, à moins qu'il ne s'agisse de vous. Cette prise de recul est nécessaire afin de guérir, d'éclaircir ses pensées et ses désirs. En couple, un des deux partenaires peut s'éloigner. Cela ne signifie pas forcément une rupture, même si cela peut y conduire. Il s'agit d'un moment de pause qui peut être plus ou moins long selon les personnes et les situations. Il prendra fin lorsque sa réflexion aura permis de mettre en lumière certaines zones d'ombre et, par conséquent, de clarifier sa réflexion.

Dans son aspect inversé, L'Hermite signifie un isolement extrême, difficile à vivre. Il y a beaucoup de lenteur. Une crise intérieure peut prendre beaucoup d'ampleur si elle n'est pas traitée, par exemple en en parlant auprès d'une personne de confiance.

GUIDANCE

Vous ressentez le besoin de vous retirer un moment suite aux événements vécus récemment. Mettez ce temps à profit pour entamer un travail introspectif en prenant conscience de vos ressentis, de vos blessures ou bien de ce qui vous procure de la joie. Ce sont autant d'informations qui vous seront utiles afin d'avoir une nouvelle vision des choses.

INTERPRÉTATION

En relation & Célibataire

- Moment de pause de la relation. Un des deux partenaires a besoin de temps.
- Nécessité d'effectuer un travail introspectif avant de penser à une nouvelle relation.
- S'accorder du temps pour soi est primordial.
- Vous pouvez envisager une retraite spirituelle de quelques jours. Cela vous serait bénéfique.
- Possibilité d'une relation qui dure.

En inversé ou blocage

- Peur de s'engager. S'isoler semble plus facile.
- Repli sur soi au point de se fermer à toute relation.
- Distance, rupture.

X – LA ROUE DE FORTUNE

AFFIRMATION

J'accueille le changement dans ma vie, quel que soit le domaine.

EN BREF

Général : Changement – Commencement – Cycle – Renouveau – Destin – Chance – Karma.
Inversé : Blocage – Fin – Stagnation – Résistance au changement – Instabilité affective.

PRÉSENTATION DE L'ARCANE

La Roue de Fortune est la carte de la destinée par excellence. En effet, elle annonce ce qui doit être fait et qui ne peut être modifié. Il peut être question d'un changement de vie mais aussi de l'évolution d'une situation. Cette carte invite à accueillir les événements tels qu'ils sont, sans vouloir les contrôler. Sinon, il est fort probable que cela soit difficile à vivre. Cette évolution est le signe d'un changement de cycle, mais aussi d'une réponse inespérée. Il est donc important de garder à l'esprit que, quelles que soient les circonstances, tout vient pour le mieux.

Dans son aspect relationnel, il est question d'un nouveau chapitre qui s'ouvre. Par exemple, une nouvelle rencontre qui vient bouleverser le quotidien ou bien l'évolution d'une relation, en positif ou en négatif. Il s'agit d'événements qui ne peuvent être ni évités ni contrôlés. Il est conseillé de les accueillir sans résistance.

Dans son aspect inversé, La Roue de Fortune indique un blocage ou bien un refus au changement. Il est possible de résister, car la nouveauté fait peur. Si la situation est acceptée, c'est avec beaucoup de difficulté. Cette carte peut également annoncer un moment de stagnation dans une période précise : il est très difficile de faire avancer les choses, malgré toute la bonne volonté déployée. La seule chose à faire est d'accepter ce qui est.

GUIDANCE

La vie est pleine de surprises. Il vous est conseillé de les aborder en toute confiance. Bonnes ou mauvaises, elles sont synonymes de changement pour vous. Vous êtes par conséquent invité·e à accueillir cette nouvelle période en toute sérénité, car elle se manifeste aujourd'hui pour votre bien.

INTERPRÉTATION

En relation & Célibataire

- Une situation/relation évolue d'une manière inattendue. Il s'agit d'une belle surprise.
- Nouvelle rencontre qui annonce un changement dans votre vie.
- Les événements récents vous poussent à lâcher prise. Acceptez la situation telle qu'elle est, vous vivrez ces changements plus facilement.
- Un cycle s'achève, un autre débute.
- Vous recevez une réponse inattendue.
- Une vieille connaissance se manifeste.

En inversé ou blocage

- Vous vivez une période de stagnation. Cessez de lutter, vous devez l'accepter et attendre que cela évolue.
- Vous refusez qu'une situation change, car vous trouviez votre compte dans la précédente.
- Vous n'arrivez pas à gérer les changements dans votre vie. Prenez du recul.

XI - LA JUSTICE

AFFIRMATION

Je prends la décision la plus juste afin de trouver le bon équilibre dans ma vie.

EN BREF

Général : Équilibre – Engagement – Stabilité – Prise de décision – Issue favorable.
Inversé : Malhonnêteté – Inflexibilité – Injustice – Déséquilibre – Interdiction – Séparation – Incertitude.

PRÉSENTATION DE L'ARCANE

La Justice invite à analyser précisément une situation et à prendre une décision en conséquence. Elle aide à trouver un équilibre dans sa vie en posant des actes justes, envers soi et envers les autres. De plus, elle incite à s'engager dans la voie ou relation choisie avec discernement et intégrité. Elle fait également référence à un contrat, un engagement au sens large. Il peut donc être question de documents administratifs ou officiels à signer. Cette carte annonce une réponse positive ou un dénouement attendu.

Dans son aspect relationnel, La Justice officialise une relation. Cette décision aura été mûrement réfléchie au préalable, mais il est certain qu'il est question d'un engagement sur la durée. Les deux partenaires désirent confirmer leur lien. Cette carte indique également le fait de trouver un équilibre et un apaisement dans sa vie, en prenant des décisions réfléchies et bénéfiques pour soi.

Dans son aspect inversé, La Justice fait référence à un déséquilibre dans une situation ou une relation. L'une des deux personnes ne souhaite plus s'engager ; il est question de choses cachées. Dans certains cas, cela peut concerner une rupture. Si vous avez des doutes sur une situation ou une personne, il n'est pas conseillé de démarrer quoi que ce soit.

GUIDANCE

Vous vous engagez dans une relation, une voie qui est la plus juste pour vous. Votre discernement vous aide à analyser la situation de manière objective afin de faire le bon choix et de trouver un équilibre dans votre vie.

INTERPRÉTATION

En relation & Célibataire

- Engagement concret : demande en mariage, pacs, etc.
- Vous trouvez une stabilité dans une relation dans laquelle vous vous engagez après avoir mûrement réfléchi.
- Vous prenez des décisions en toute objectivité pour installer une stabilité dans votre vie.
- Vous pesez le pour et le contre en analysant tous les éléments en votre possession, et vous décidez en conséquence.

En inversé ou blocage

- Rupture. Une relation se termine.
- Avoir du mal à se remettre d'une relation passée.
- Vos décisions ne sont pas bien réfléchies et, par conséquent, vous ne trouvez pas d'équilibre dans votre vie.
- Vous ressentez de l'injustice.
- On ne vous dit pas tout ou bien vous n'exprimez pas tout ce que vous gardez en vous, ce qui impacte l'équilibre de la relation.

XII – LE PENDU

AFFIRMATION

Je regarde la situation sous un nouvel angle afin d'avoir de nouveaux éléments en ma possession. Je prends le temps avant de prendre une décision.

EN BREF

Général : Sacrifice – Prise de recul – Acceptation – Nouvelles perspectives – Lâcher-prise.
Inversé : Blocages – Refus de s'engager – Mauvaise analyse – Fuite – Ne pas choisir.

PRÉSENTATION DE L'ARCANE

Le Pendu peut être associé au lâcher-prise mais aussi au sacrifice. Avec cet arcane, le temps n'est pas à l'action mais plutôt à la réflexion et à l'observation, sous un nouvel angle. C'est un temps de repos nécessaire qui aide à retrouver une paix intérieure et à mûrir ses réflexions avant de prendre une décision. Même si Le Pendu peut être mal vu dans un tirage, car il impose une lenteur, il annonce un changement d'attitude à adopter qui s'avérera nécessaire pour la suite. Cette carte est à envisager comme une pause salvatrice.

Dans son aspect relationnel, il peut être indicateur d'une pause dans la relation. Même si c'est mal accepté, il y a des choses qui ont besoin d'être mûries par les deux parties afin de les rectifier et d'améliorer la relation, quand cela est possible. Il peut également être question de s'engager dans une nouvelle manière d'aimer pour le bien-être du couple. Cette carte indique aussi qu'une personne se met en retrait, quitte à sacrifier une relation dans le but de trouver la paix. Il est probable de ne pas être sûr·e de ses sentiments et de ses désirs. En adoptant la posture du Pendu, un temps utile est pris pour se retrouver.

Dans son aspect inversé, Le Pendu fait référence à une situation qui peut être difficile à vivre et qui pousse à fuir. Il est compliqué de faire un choix ou bien de s'engager, alors s'isoler et se taire semble être la seule option possible. Une action est mise en pause pour une durée non déterminée.

GUIDANCE

Il vous est conseillé de prendre un moment de pause. Cela vous permettra d'envisager votre situation sous un autre angle afin d'obtenir de nouvelles informations et de l'appréhender différemment. Ce temps de repli vous aidera à lâcher prise sur les événements et vis-à-vis de votre entourage. Cela vous permettra de développer votre sensibilité et de changer vos priorités pour être plus en cohérence avec vos valeurs.

INTERPRÉTATION

En relation & Célibataire

- Une personne ne souhaite pas s'engager et préfère prendre de la distance en restant dans le silence ou en coupant toute communication.
- Besoin de trouver une paix intérieure en s'éloignant d'une personne ou d'une situation.
- Une prise de recul est nécessaire. Vous avez la sensation qu'il vous manque des éléments ou bien que c'est allé trop vite pour vous.
- Un repos salvateur est utile afin de se tourner vers une nouvelle relation.
- Besoin de nouvelles perspectives.

En inversé ou blocage

- Pas envie de s'engager dans une relation ou dans une voie.
- Possibilité de créer un blocage en s'isolant.
- Vous choisissez de vous mettre en retrait, quitte à vous punir.

XIII - LA MORT

AFFIRMATION

J'acte la fin d'une situation afin d'accueillir une période de renouveau.

EN BREF

Général : Changement de cycle – Transformation – Renaissance – Rapidité – Nettoyage.
Inversé : Refus du changement – Fin – Rupture – Deuil – Comportement destructeur – Dépression.

PRÉSENTATION DE L'ARCANE

L'arcane de La Mort peut déranger dans un tirage. En effet, elle annonce la fin d'une situation, parfois de manière brutale. Elle clôt un cycle afin de permettre à un autre de s'ouvrir. En acceptant de laisser aller ce qui doit s'achever, une période de transformation et de renaissance bénéfique se manifeste. Le fait de s'éloigner d'une situation ou d'événements loin d'être idéaux permet de se tourner vers quelque chose de nouveau, qui correspond mieux aux nouvelles attentes ou aux besoins de chacun·e.

Dans son aspect relationnel, cette carte peut annoncer, suivant la situation vécue, une rupture comme un nouvel amour. En effet, pour les couples, elle prédit une situation conflictuelle pouvant acter la fin de l'union. Il peut également être question d'exprimer ce qui ne fonctionne pas dans la relation afin de lui donner une nouvelle direction et qui correspond aux partenaires. Ainsi, l'abandon de mauvaises habitudes ou d'un fonctionnement néfaste peut être décidé. En ce qui concerne les célibataires, cette carte peut signifier la fin d'une situation, du célibat, et, par conséquent, le début d'une relation ou une rencontre. Avec La Mort, l'action peut être très rapide. Cette carte invite à entamer un nouveau chapitre dans le but d'une transformation intérieure ou bien d'une situation spécifique.

Dans son aspect inversé, La Mort annonce la fin d'une situation qui peut être douloureuse et amener à traverser une période de deuil. Elle évoque également le fait que certaines émotions difficiles à vivre peuvent se manifester. Cela peut amener à vivre une période de tiraillement et de mal-être pouvant provoquer un comportement destructeur.

GUIDANCE

Vous vous libérez d'une situation qui ne vous convient plus depuis longtemps. Cette décision aura pour effet d'impulser une période de nettoyage et un nouveau départ dans votre vie. Vous entamez un nouveau chapitre de votre vie synonyme de transformation.

INTERPRÉTATION

En relation & Célibataire

- Fin d'une relation toxique.
- Début d'un nouvel amour.
- Évolution d'une relation impliquant soit une rupture, soit une transformation pour un renouveau.
- Nouveau départ d'une relation, après avoir réglé les sources de conflit.
- Vous entamez un processus de renaissance en vous libérant de ce que vous ne voulez plus.
- Désir profond de changer et d'amorcer une transformation dans votre vie.
- Vous ressentez le besoin de faire du tri dans votre vie, quel que soit le domaine.

En inversé ou blocage

- Période de deuil suite à une rupture.
- Rupture brutale d'une situation ou d'une relation.
- Vous avez du mal à rompre avec une situation ou une personne, même si vous savez qu'elle n'est pas bonne pour vous.

XIV - LA TEMPÉRANCE

AFFIRMATION

Je trouve une harmonie intérieure en mettant en place un équilibre extérieur.

EN BREF

Général : Guérison – Équilibre – Compromis – Protection – Échanges – Réconciliation.
Inversé : Désaccord – Conflit – Malaise – Déséquilibre – Frustration – Désengagement.

PRÉSENTATION DE L'ARCANE

La Tempérance est la carte qui annonce l'harmonie, un climat sain et l'équilibre. Elle aide à s'adapter aux situations rencontrées, en toute quiétude, permettant de trouver des solutions et des compromis afin que personne ne se sente lésé. Cette carte incite à trouver un bien-être intérieur qui se répercutera dans sa vie. Elle évoque également une période de guérison et un retour à un état de tranquillité. Elle instaure un climat de paix lorsqu'elle sort dans un tirage.

Dans son aspect relationnel, cette carte peut annoncer une conversation amenant à une réconciliation ou encore à des compromis afin d'assainir un conflit. Cette carte aide à maintenir un bon équilibre dans la relation, tout en bienveillance. Il peut également être question de se sentir bien dans sa peau et dans sa tête, ce qui permet d'aborder les situations en toute confiance et sereinement. En incarnant La Tempérance, favoriser des situations et relations harmonieuses devient possible. Il est fréquent qu'elle annonce une certaine alchimie entre deux personnes. Celles-ci se comprennent et tout est fluide entre elles.

Dans son aspect inversé, il est possible de ressentir un déséquilibre ainsi que des frustrations dans la relation. Un malaise s'installe, ce qui peut créer des conflits.

La communication est moins fluide et peut révéler certains points de désaccord.

GUIDANCE

Le temps de l'harmonie a sonné. Vous trouvez la manière de rétablir un équilibre dans votre vie. Cela passe par des décisions, un moment de ressourcement, des compromis ou une réconciliation qui vous aident à rétablir une sérénité intérieure.

INTERPRÉTATION

En relation & Célibataire

- Des discussions vont vous aider à mettre en place des compromis dans votre relation, pour le bien-être de chacun·e.
- Vous ressentez le besoin de vous ressourcer afin de retrouver un équilibre intérieur.
- Vous vivez une relation où règne l'harmonie. Vous vous comprenez et prenez en compte les besoins de votre partenaire, et réciproquement.
- Des échanges instaurent une relation saine et un climat harmonieux.
- Vous ressentez une alchimie avec votre partenaire.

En inversé ou blocage

- Un déséquilibre s'est installé dans votre relation, la communication est difficile à établir.
- Manque d'envie de s'engager dans une relation.
- Vous avez du mal à trouver un équilibre intérieur ; vous n'arrivez pas à passer au-delà d'un conflit.
- Il est déconseillé de s'engager dans quoi que ce soit.

XV - LE DIABLE

AFFIRMATION

Je me libère de mes chaînes afin d'être à l'écoute de ma force créatrice et de la matérialiser.

EN BREF

Général : Tentation – Passion – Désir – Instinct – Sexualité – Pulsions – Accepter sa vraie nature.
Inversé : Domination – Emprise – Obsession – Succomber à la tentation – Interdit – Addiction.

PRÉSENTATION DE L'ARCANE

Vous souhaitez du piment dans votre vie ? Le Diable l'apporte, mais attention à ne pas vous brûler les ailes ! En effet, cet arcane fait appel à la nature profonde de chacun·e, aux pulsions les plus primaires. Avec lui, il est question de prendre conscience de ce qui anime notre for intérieur, ce qui domine, et d'assouvir nos moindres désirs. C'est une carte qui invite à expérimenter, mais il est conseillé de poser des limites. Afin de vivre au mieux l'énergie du Diable, il est bon de savoir canaliser ses pulsions afin de ne pas sombrer dans un extrême. Si nous n'y prenons pas garde, il est possible de perdre le contrôle. La passion est au rendez-vous, ce qui peut parfois tourner à l'obsession. Le Diable fait appel à l'esprit créateur qui sommeille en nous. Utilisé à bon escient et de manière modérée, celui-ci peut mener à de très beaux projets.

Dans son aspect relationnel, Le Diable évoque une relation passionnelle et charnelle. Les moindres pulsions et désirs sont assouvis. Il existe une forte attraction physique entre deux personnes au point qu'il peut être difficile de se concentrer sur d'autres aspects. Le Diable vient aussi faire référence à l'esprit créatif ou à des projets stimulants par le biais d'un sujet ou d'un domaine qui peut absorber toute l'attention et qui passionne. Dans les deux cas, attention à ne pas se déconnecter de la réalité. Lorsque cette carte sort dans un tirage, il est courant qu'une personne ait des addictions, qui auront des répercussions sur l'autre.

Dans son aspect inversé, la passion et le désir tournent à l'obsession voire à une certaine emprise dont il est difficile de sortir. Il est possible d'adopter un comportement nocif pour soi-même, envers une personne, ou bien de le subir. Il s'agit de situations d'emprise dont il est parfois difficile de s'extraire.

GUIDANCE

Vous vous engagez avec passion dans une nouvelle voie ou une relation qui vous fait ressentir des sensations oubliées. Vous ressentez de l'intensité dans ce que vous vivez et cela vous procure la sensation d'être vivant·e. Vous retrouvez une vitalité et une connexion à vos désirs, mais attention à ne pas brûler les étapes ou à vous laisser tenter par les extrêmes. Si vous maîtrisez vos instincts, vous vivrez cette expérience de la plus belle des manières.

INTERPRÉTATION

En relation & Célibataire

- Relation passionnelle et charnelle à laquelle vous ne pouvez pas résister.
- Forte attirance envers une personne.
- Vos désirs sont plus importants que le reste.
- Vous vous passionnez pour un nouveau domaine ou une nouvelle activité.
- Vous écoutez vos moindres pulsions et assouvissez vos désirs.
- Vous ressentez en vous une force créatrice qu'il est bon d'écouter.

En inversé ou blocage

- Relation toxique. L'un des deux partenaires exerce une emprise sur l'autre.
- Vous adoptez des habitudes nocives envers vous-même dont il serait bon de vous défaire.
- Vous portez un regard noir sur certains domaines. Attention à ne pas embarquer d'autres personnes avec vous.

XVI - LA TOUR

AFFIRMATION

Je fais face à de nouveaux éléments afin de clarifier une situation et de la reconstruire sur de nouvelles bases plus solides.

EN BREF

Général : Bouleversement – Construction – Mouvement – Révélation – Coup de théâtre – Soudaineté.
Inversé : Destruction – Choc – Éclatement – Fatalité – Rupture – Écroulement – Emprisonnement.

PRÉSENTATION DE L'ARCANE

La Tour annonce un imprévu, un coup de théâtre qui vient redessiner les contours d'une situation. Quelque chose vient perturber le quotidien du consultant. Avec cette carte, il est fort probable de se sentir chamboulé·e émotionnellement, de ne pas comprendre pourquoi cela arrive et d'avoir le sentiment d'être impuissant·e face aux événements. La Tour annonce des changements imminents, bons ou mauvais, tout dépend des circonstances et de la manière dont on les aborde.

Dans son aspect relationnel, La Tour présage le pire comme le meilleur. En effet, il peut être question d'un coup de foudre pour une personne et de voir tout son univers chamboulé suite à cette rencontre. Ou alors une dispute peut éclater, très souvent pour un rien, pouvant déstabiliser la relation et entraîner la rupture. Quelle que soit la situation vécue, elle vient bouleverser les habitudes de chacun·e. Il est bon de toujours garder à l'esprit que cet épisode permet de mettre en lumière ce qui était dysfonctionnel afin de l'améliorer.

Dans son aspect inversé, le choc vécu est amplifié : il est possible d'avoir la sensation que tout s'écroule autour de soi, et d'adopter une posture fataliste. Il devient difficile de trouver en soi la force de se battre et de rebondir tant on se sent submergé·e.

GUIDANCE

Chaque événement a une raison d'être. Un nouvel élément va venir chambouler votre équilibre. Accueillez-le avec lâcher-prise, car il va vous permettre de revoir la raison d'être de certaines choses et d'établir de nouvelles bases solides dans votre vie.

INTERPRÉTATION

En relation & Célibataire

- Coup de foudre.
- Changement de lieu de vie, déménagement.
- Vous vivez un moment de crise au sein du couple. Il va s'avérer bénéfique : c'est l'occasion de clarifier les choses.
- Des révélations vont remettre en cause l'équilibre de votre vie.
- Rien ne sera plus pareil, mais c'est pour le mieux.

En inversé ou blocage

- Rupture brutale : vous ne l'avez pas vue venir.
- Tout votre monde s'écroule et chamboule votre quotidien.
- Vous vous sentez impuissant·e face aux événements. Vous ne savez pas comment agir.

XVII - L'ÉTOILE

AFFIRMATION

Je me connecte à mon intuition et je la laisse me guider vers de nouvelles inspirations.

EN BREF

Général : Succès – Chance – Fécondité – Confiance – Optimisme – Protection – Intuition – Espoir.
Inversé : Déception – Doute – Pessimisme – Superficialité – Égoïsme – Manque d'estime de soi.

PRÉSENTATION DE L'ARCANE

L'Étoile est un arcane porteur de chance, de succès et d'optimisme. Avec cette carte, il est question de garder confiance en toutes circonstances. La connexion à son intuition aide à maintenir un bien-être intérieur et une vision positive de la vie. L'Étoile peut annoncer une guérison ou bien une amélioration, suite à une période difficile. De manière générale, elle invite à émettre des souhaits, car il y a de fortes chances qu'ils soient exaucés.

Dans son aspect relationnel, L'Étoile indique une relation fluide, voire idéale. L'union tant espérée est enfin là et elle est vécue pleinement. De plus, des projets peuvent prendre forme. Il peut également être question de se sentir bien intérieurement en portant un regard positif et confiant sur soi. La connexion à son intuition est un atout à ne pas négliger, car elle pourra aider à faire en sorte que tout se déroule pour le mieux. Elle indique également une période de guérison et d'espoir pour un meilleur avenir.

Dans son aspect inversé, les messages de l'intuition sont moins clairs au point de se sentir troublé·e et de perdre confiance en soi. La connexion avec le/la partenaire peut se perdre et il est possible de sombrer dans un monde superficiel, plutôt que de rester ancré·e dans la réalité.

GUIDANCE

Vous êtes invité·e à écouter attentivement les messages de votre intuition. Elle vous guide vers les bonnes décisions ainsi que vers les bonnes personnes qui apporteront de nouvelles énergies dans votre vie. Vous entamez un cycle sous le signe de la chance et de la réussite.

INTERPRÉTATION

En relation & Célibataire

- Vous avez de nouveau confiance dans une relation amoureuse, vous êtes prêt·e à vous engager.
- Votre relation est fluide, il y a une belle connexion entre vous.
- Vous débutez un nouvel amour romantique où les sentiments sont assumés.
- Vous entrez dans une période de chance où tout ce que vous tenterez sera couronné de succès.
- Gardez espoir, car vos désirs peuvent se réaliser.
- Restez optimiste, tout va bien se passer.

En inversé ou blocage

- Amour et espoirs déçus.
- Vous perdez confiance en vous et dans le bon déroulement des choses.
- Vous vous montrez égoïste ou bien vous êtes face à une personne égoïste. Il est difficile de rester positif·ve.
- Vous perdez confiance en vos ressentis.

XVIII - LA LUNE

AFFIRMATION

Je transforme mes doutes et mes peurs en occasion de grandir intérieurement et de vivre la vie que je souhaite.

EN BREF

Général : Intuition – Rêves – Réceptivité – Faire face aux peurs – Imagination – Se fier à son intuition.
Inversé : Angoisse – Confusion – Stress – Anxiété – Illusions – Peurs profondes – Incertitude – Bouleversement émotionnel.

PRÉSENTATION DE L'ARCANE

La Lune met en évidence les peurs et les angoisses qui sont au plus profond de soi. Avec cette carte, il va être question d'oser les regarder en face et de les affronter, ce qui peut être compliqué. Une forte sensibilité peut troubler l'esprit et parfois faire perdre pied au point de sombrer dans des pensées négatives. Mais prendre conscience de ses émotions peut aider à mieux les vivre. La Lune est également reliée aux messages envoyés par l'intuition et les rêves. Il est important de les prendre en compte dans le but de dépasser les craintes.

Dans son aspect relationnel, cette carte vient semer le trouble, car des peurs en lien avec des relations ou blessures passées peuvent refaire surface. Par conséquent, il peut être difficile d'envisager une nouvelle relation ou d'avoir pleinement confiance en quelqu'un. La Lune étant reliée aux rêves, l'imagination peut être débordante. Il est donc très facile d'imaginer un scénario, qui, suivant les circonstances, peut être bon ou mauvais pour la relation. De plus, attention à ne pas fantasmer une relation plutôt que de la vivre. Utilisées à bon escient, l'imagination et la créativité peuvent conduire à la préparation de projets de vie à deux.

Dans son aspect inversé, le stress, l'anxiété prennent le dessus sur tout le reste. Il est difficile de faire face aux peurs au point de se sentir paralysé·e face à elles. Il est possible de s'isoler dans le but de se protéger, ce qui peut entraîner une morosité voire une dépression.

GUIDANCE

Les peurs et angoisses que vous ressentez actuellement se manifestent afin de vous aider à les dépasser. Cette étape vous aidera à reprendre confiance en vous et en vos ressentis. Votre intuition est là pour vous guider et vous apporter les conseils bénéfiques à votre avancement.

INTERPRÉTATION

En relation & Célibataire

- Liaison amoureuse compliquée. Des tourments intérieurs vécus par l'un des deux partenaires peuvent entraver la relation.
- Possibilité de vivre un amour fusionnel si vous dépassez vos peurs.
- Vous fantasmez une relation, vous ne voyez pas les choses telles qu'elles sont réellement.

En inversé ou blocage

- Il est possible que vous vous coupiez de la réalité afin de ne pas l'affronter.
- Vos émotions prennent le dessus et vous sombrez dans des pensez négatives.
- Vous ressentez de l'inquiétude à propos de votre relation. Une franche conversation peut vous aider à vous apaiser.

XIX - LE SOLEIL

AFFIRMATION

Je suis entouré·e d'énergie, de joie, de bonheur et d'abondance. Je réussis tout ce que j'entreprends.

EN BREF

Général : Joie – Succès – Réussite – Abondance – Communication – Rayonnement – Réalisation.
Inversé : Perte d'énergie – Orgueil – Manque d'évolution – Amour repoussé – Crise dans le couple.

PRÉSENTATION DE L'ARCANE

Le Soleil évoque la manifestation d'une période d'abondance. Les entreprises menées jusqu'à présent rencontrent du succès. Une énergie de confiance émane de soi, au point d'en devenir magnétique. Un esprit de liberté se fait ressentir en incarnant la personne que l'on est. Le jugement des autres importe peu. C'est une carte qui parle de communication, de connexion entre personnes ayant les mêmes vibrations. Le Soleil apporte des énergies de réalisation, de concrétisation de projets et d'unions.

Dans son aspect relationnel, communiquer est quelque chose de naturel, tout comme le fait de transmettre de la joie et de la bonne humeur. Tout le monde se sent bien à vos côtés. Faire de nouvelles connaissances et élargir son réseau est aisé, presque naturel. En couple, il est possible de passer de longues nuits à discuter pour profiter simplement de la présence de l'autre, qui apporte du bien-être. Il y a une connexion entre les deux partenaires, ce qui ouvre une voie de construction et de réalisation ensemble.

Dans son aspect inversé, il est possible de ressentir une baisse de motivation et également de perdre la forme. De plus, il risque d'y avoir des malentendus, ce qui peut provoquer des conflits et mettre en lumière un manque d'évolution dans la relation.

GUIDANCE

Le moment est venu pour vous de rayonner de toute votre splendeur. Osez prendre votre place, vous entourer des bonnes personnes, et adoptez un état d'esprit positif. Vous monterez ainsi en vibration. De plus, vous trouverez la bonne manière de présenter vos projets et de les réaliser avec succès.

INTERPRÉTATION

En relation & Célibataire

- La communication est l'atout de votre relation. Vous savez exprimer avec facilité ce que vous ressentez, ce qui renforce votre lien.
- Vous vivez un amour réciproque et une union heureuse.
- Votre réseau s'étend, vous faites de nouvelles rencontres, notamment amicales.
- Votre présence est fortement appréciée. Vous êtes lumineux·se et tout le monde le remarque.
- Vous baignez dans des énergies de réussite, vous atteignez vos objectifs.

En inversé ou blocage

- Difficulté à exprimer ce que vous ressentez, la communication n'est pas fluide.
- Vous vivez une crise dans votre couple. Il est bon de prendre en compte le point de vue de l'autre.
- Baisse de motivation et d'énergie. C'est difficile de vous lancer dans quoi que ce soit.

XX - LE JUGEMENT

AFFIRMATION

J'écoute mon appel intérieur afin de me libérer de ce que je ne veux plus et d'accueillir un nouveau départ dans ma vie.

EN BREF

Général : Réévaluation et renouveau – Pardon – Libération – Renaissance – Deuxième chance – Stabilité retrouvée.
Inversé : Échec – Situation bloquée – Rejet – Inertie – Refus de l'appel intérieur.

PRÉSENTATION DE L'ARCANE

Le Jugement est un arcane puissant en ce qui concerne la transformation. Il fait référence à un appel intérieur auquel il est bon de répondre, car il invite à se défaire et se libérer de ce que l'on ne désire plus dans sa vie, afin d'ouvrir un nouveau chapitre. Il est question d'éveiller sa conscience à ce qui est essentiel, voire vital pour soi, et de s'y relier, quitte à changer beaucoup de choses dans sa vie. Cette carte opère une forme de renaissance.

Dans son aspect relationnel, Le Jugement évoque la volonté de s'engager dans une union plus alignée avec soi. Il peut également être question du retour d'une personne du passé ou bien d'un nouveau départ dans une relation après avoir évoqué les points qui ne convenaient pas aux deux partenaires. L'envie d'avancer de nouveau ensemble, mais d'une nouvelle manière, est présente.

Dans son aspect inversé, une situation peut être bloquée. Il est possible qu'il y ait certains freins entravant toute action. Le couple peut avoir du mal à donner un second souffle à la relation et à se renouveler. De plus, il est compliqué de savoir ce que l'on veut vraiment et, par conséquent, d'être aligné avec soi et de vivre une relation équilibrée.

GUIDANCE

Vous ressentez au fond de vous une envie de changement et de vous libérer de ce qui a tendance à vous bloquer. Écoutez cet appel et effectuez cette transformation intérieure. Comme le serpent qui mue, vous faites peau neuve et vous vous ouvrez à un nouveau chapitre de votre vie.

INTERPRÉTATION

En relation & Célibataire

- Votre relation actuelle prend un nouveau tournant, avec des envies communes, suite à de nombreux échanges.
- Vous accordez un nouveau départ à une ancienne relation.
- Vous vous séparez de ce que vous ne désirez plus afin de vous tourner vers ce qui a du sens pour vous.
- Vous vous réconciliez avec une personne de votre passé.
- Naissance d'un nouvel amour, différent de ce que vous avez vécu jusqu'à présent.

En inversé ou blocage

- La situation ou relation n'évolue pas, vous ne savez pas comment faire pour la faire redémarrer.
- Vous optez pour la procrastination plutôt que de passer à l'action et changer ce qui ne vous convient pas.

XXI - LE MONDE

AFFIRMATION

Je suis dans des énergies d'accomplissement personnel. J'atteins tous les objectifs que je me suis fixés.

EN BREF

Général : Accomplissement – Aboutissement – Complétude – Réalisation – Épanouissement – Réussite.
Inversé : Obstacle – Enfermement – Succès mitigé – Frustration – Retard – Sentiment d'échec.

PRÉSENTATION DE L'ARCANE

Le Monde incarne l'aboutissement et l'accomplissement personnels. Cet arcane est synonyme de réussite. Tous les efforts sont récompensés de belle manière. Un objectif est atteint, ce qui termine un cycle, mais ouvre sur une nouvelle phase. Cette carte évoque également un voyage. Il peut s'agir d'un déplacement, mais aussi d'un voyage intérieur aboutissant à une évolution personnelle.

Dans son aspect relationnel, Le Monde fait référence à un état d'accomplissement ressenti au sein du couple, par exemple le sentiment de vivre la relation comme souhaité ou bien de construire ensemble la vie désirée. De manière plus générale, un sentiment de confiance et d'assurance est présent. Célibataire ou accompagné·e, vous savez mener vos projets à terme et vous vous accomplissez personnellement, quel que soit le domaine. Le Monde peut également annoncer un projet de voyage, mais aussi une mise en mouvement qui provoque un changement dans le quotidien

Dans son aspect inversé, le sentiment d'échec peut dominer, ou alors le succès peut être mitigé, et, par conséquent, une insatisfaction peut s'installer. De plus, les projets, en solo ou à deux, ont du mal à prendre forme ou à aboutir comme imaginé.

GUIDANCE

Vous êtes sur le point de voir tous les obstacles et épreuves rencontrés toucher à leur fin. Vous atteignez tous les objectifs que vous vous étiez fixés. Un sentiment de complétude et d'accomplissement va vous envahir. Le moment tant attendu est là. Savourez-le et imprégnez-vous de ces énergies qui vous ouvrent la voie de l'épanouissement personnel.

INTERPRÉTATION

En relation & Célibataire

- Concrétisation d'une union heureuse et durable.
- Fiançailles, mariage en perspective.
- Projets sur le long terme en préparation : grossesse, changement de vie, etc.
- Projet de voyage ou de déménagement en perspective.
- Il y a du mouvement dans votre vie, ça bouge enfin !
- Vous atteignez vos objectifs de vie et de couple.
- Vous êtes récompensé·e pour tout ce que vous avez fait jusqu'à présent.

En inversé ou blocage

- Sentiments mitigés quant au résultat d'une action.
- Vous n'êtes pas pleinement satisfait·e de votre relation.
- Un sentiment d'échec vous envahit, vous n'êtes pas satisfait·e du résultat.

SUITE DE BÂTONS

AS DE BÂTONS

AFFIRMATION

Je me lance dans une nouvelle aventure créative.
J'écoute ce qui m'anime.

EN BREF

Général : Inspiration – Élan – Naissance – Prise d'initiatives – Nouveau commencement.
Inversé : Se sentir bloqué·e – Manque d'énergie – Frustration – Manque de créativité.

PRÉSENTATION DE L'ARCANE

L'as de bâtons annonce le début d'une action ou d'un projet qui suscite beaucoup d'intérêt, voire de l'excitation. C'est plus fort que soi, il faut lancer le mouvement. Cette carte invite à entreprendre quelque chose qui peut être vital, selon les circonstances.

Dans son aspect relationnel, il est question de se lancer avec passion dans une nouvelle relation ou d'entreprendre un nouveau projet créatif, par exemple. Cette carte pousse au passage à l'acte. Il est donc impératif d'écouter ses pulsions et ses envies d'agir. De plus, l'énergie est telle que l'initiative prise a de grandes chances d'être couronnée de succès.

Dans son aspect inversé, il est délicat d'écouter ses pulsions et désirs. Ils sont étouffés et ne sont pas pris en considération. De plus, le manque de motivation se fait ressentir, tout comme le manque d'envie d'entreprendre et de s'investir dans quoi que ce soit.

GUIDANCE

Vous sentez au fond de vous cette flamme qui s'anime dès que vous pensez à cette nouvelle idée, ce nouveau projet qui suscite en vous de l'excitation. Faites-la grandir en écoutant vos pulsions et en passant à l'action.

Elle ne demande qu'à vivre. Il vous appartient de découvrir ce nouveau domaine et de vous y épanouir.

INTERPRÉTATION

En relation & Célibataire

- Début enflammé d'une relation. Il y a une attirance commune.
- Il y a beaucoup de spontanéité dans la relation.
- Vous brûlez d'envie de vous lancer éperdument dans une relation.
- Période favorable pour donner naissance à un nouveau projet de vie, de couple ou bien créatif.
- Vous vous lancez avec fougue dans un projet qui vous passionne.
- Vous écoutez vos pulsions et vos envies et agissez en conséquence.

Inversé ou en blocage

- Difficulté à écouter ses envies.
- Manque de motivation à se lancer dans quoi que ce soit.
- Retard dans l'action.
- Vous n'osez pas écouter vos pulsions.

DEUX DE BÂTONS

AFFIRMATION

Je fais appel à ma créativité pour les projets que je souhaite entreprendre.

EN BREF

Général : Entreprendre – Planifier – Prévoir – Exploration – Association.
Inversé : Tension – Pas d'action – Manque de créativité – Hésitation – Mauvais timing.

PRÉSENTATION DE L'ARCANE

Le deux de bâtons évoque le fait de prendre en compte ses idées, ses envies et de se sentir prêt·e à les mettre en œuvre. Il est question d'oser dévoiler ses projets de vie ou bien créatifs, ce qui peut demander un gros effort pour les pudiques ou les introvertis. La fougue de l'as de bâtons est toujours présente mais les actes sont faits en conscience.

Dans son aspect relationnel, l'envie de vivre des expériences ou une relation pleinement est présente, mais il y a également la volonté de s'investir dans la durée en organisant des projets, un voyage, par exemple. La volonté de s'unir ou de s'associer est présente, ce qui va permettre de se projeter plus facilement. Cela peut aussi concerner le fait de préparer un projet créatif qui nécessite une certaine organisation pour sa réalisation.

Dans son aspect inversé, l'envie d'exprimer ses envies et ses idées n'est pas au rendez-vous, pas plus que l'envie de s'investir dans une relation ou d'être en couple. De plus, il est possible d'avoir reçu de mauvais conseils, de la part d'un ami ou du/de la partenaire, ce qui impacte l'élan mais aussi l'équilibre de la relation.

GUIDANCE

Vos pulsions créatrices prennent de plus en plus de place dans votre esprit, au point de ne pouvoir les contenir. Osez les exprimer et vous lancer dans leur réalisation en préparant en toute quiétude chaque étape. Vous vous dirigerez ainsi vers un épanouissement et un accomplissement personnels.

INTERPRÉTATION

En relation & Célibataire

- Volonté de concrétiser la relation.
- Envie commune de réaliser un projet ensemble.
- Désir de se lancer dans un projet qui vous anime.
- C'est le moment de se lancer mais il est conseillé de s'organiser.

Inversé ou en blocage

- Les projets à deux ne sont pas au programme.
- Contretemps dans la réalisation d'un projet ou bien dans la relation.
- Vous êtes coupé·e de vos envies et de votre créativité.
- Vous n'êtes pas d'humeur à lancer une action ou un projet.
- Difficulté à se projeter dans un futur.
- Attention aux mauvais conseils ou bien aux personnes non dignes de votre confiance.

TROIS DE BÂTONS

AFFIRMATION

Je visualise et prépare soigneusement mes projets avant de me lancer.

EN BREF

Général : Préparation – Objectifs à long terme – Visualisation – Chercher la meilleure action.
Inversé : Manque d'objectifs – Se focaliser sur quelque chose d'improductif.

PRÉSENTATION DE L'ARCANE

Le trois de bâtons est la carte qui permet de préparer l'étape d'après. En effet, les envies et désirs sont bien pris en compte, l'action est lancée, mais il faut faire preuve de sagesse en prenant le temps de s'organiser, de visualiser, de planifier afin de mettre en route la suite des événements en toute sérénité. Même s'il s'agit d'une famille en lien avec l'action, cette carte invite à observer toutes les possibilités afin d'agir de manière concrète et durable.

Dans son aspect relationnel, il est question d'exprimer la manière dont on souhaite construire la relation afin de la faire perdurer. Cela implique de partager la même vision du couple et d'avancer ensemble dans cette direction après en avoir longuement parlé. Il peut s'agir également d'envisager les différentes manières de vivre de manière épanouie, comme le fait de réfléchir à la meilleure façon de prendre contact avec un nouveau *crush* ou bien une personne que l'on souhaite revoir pour concevoir de vrais projets ensemble. L'envie d'action est présente, le tout est de savoir comment la mener.

Dans son aspect inversé, une perte d'énergie, sans doute due à un manque d'organisation, peut se faire ressentir lorsque des actions vaines sont menées. De plus, il est possible qu'il y ait des problèmes de communication, ce qui peut provoquer des incompréhensions ou bien un manque d'envie.

GUIDANCE

Le moment est venu de voir en grand les projets dans lesquels vous vous êtes lancé·e ou bien ceux que vous envisagez. Visualisez les possibilités, les différentes étapes auxquelles vous pouvez être confronté·e. Cela vous aidera à envisager toutes les éventualités et à mener les actions selon vos désirs et objectifs.

INTERPRÉTATION

En relation & Célibataire

- Réflexion sur la vision du couple ou comment vous souhaitez le vivre.
- Vous réfléchissez aux possibilités que vous offre votre relation.
- Vous vous concentrez sur la manière de faire évoluer cette relation.
- Vous mettez en place différentes actions afin de mener la vie que vous désirez.
- Vous vous préparez à un nouveau projet.
- Les décisions que vous avez prises vous mènent vers une nouvelle rencontre.

Inversé ou en blocage

- Vous avez du mal à vous projeter dans la relation.
- Vous n'avez pas de projets en cours et vous avez du mal à vous fixer des objectifs.
- Les actions menées n'ont pas eu l'effet escompté.
- Vous n'avez pas l'énergie pour entamer une action ou vous ne savez pas comment vous y prendre.

QUATRE DE BÂTONS

AFFIRMATION

Je célèbre mes victoires, même les plus petites. Je baigne dans des énergies de joie.

EN BREF

Général : Célébration – Union – Construction – Réussite – Satisfaction – Stabilité.
Inversé : Retard – Pause dans le travail – Instabilité.

PRÉSENTATION DE L'ARCANE

Le quatre de bâtons est la carte de la réussite, de la célébration et de la construction. Avec elle, les actions menées jusqu'à présent trouvent une issue favorable qu'il convient de fêter. Les projets de vie sont construits sur des bases solides.

Dans son aspect relationnel, il est question d'un déménagement ou bien de l'officialisation d'une union. Il s'agit également de mettre en place de solides fondations dans sa vie afin de préparer un futur stable, pour soi et le couple. De manière générale, cette carte annonce des festivités, par exemple un mariage ou bien une réunion familiale. Pour les célibataires, il est probable qu'une rencontre ait lieu lors de ces événements.

Dans son aspect inversé, des retards dans l'évolution d'une situation se font ressentir. Cela fait aussi référence au constat qu'il n'y a rien de constructif dans ce qui a été mené jusqu'à présent ou bien que la vie menée n'était pas si équilibrée et bonne pour soi.

GUIDANCE

Vous bâtissez votre vie de la manière que vous le souhaitez. Le résultat tant attendu se manifeste. L'heure est à la fête : célébrez votre victoire sur les épreuves que vous avez traversées pour en arriver là. Vous avez montré de la ténacité et de la structure. Profitez pleinement de ce triomphe.

INTERPRÉTATION

En relation & Célibataire

- Concrétisation d'une union.
- Vous construisez ensemble un avenir avec des bases solides.
- Projet de déménagement, d'une nouvelle vie à deux.
- Projet de mariage ou célébration d'une union.
- Vous êtes heureux·se de la vie que vous menez. Vous avez trouvé une stabilité.
- Réussite des projets que vous avez menés.
- Rencontre possible lors d'un événement.

Inversé ou en blocage

- Du retard dans la concrétisation de vos projets.
- Aucun projet constructif ne vous passionne en ce moment.
- Instabilité dans la relation, un lien se défait.

CINQ DE BÂTONS

AFFIRMATION

Je cesse toute bataille, contre moi-même ou bien une personne, en me détachant d'un conflit.

EN BREF

Général : Action – Conflit – Combat à mener – Compétition – Apprendre du conflit.
Inversé : Nervosité – Tension – Légers accrocs – Désaccord – Sortir du conflit.

PRÉSENTATION DE L'ARCANE

Le cinq de bâtons est une carte qui va venir chahuter la période de calme qui s'était installée. En effet, elle fait référence aux conflits, aux désaccords, parfois même aux luttes. Elle sème la discorde très souvent provoquée par une personne ou une situation qui vient troubler le bien-être.

Dans son aspect relationnel, il y a des obstacles à la relation ou bien à la rencontre. Il peut parfois s'agir d'une personne qui se met au travers de votre route. Cela peut concerner un·e rival·e mais il est bon de le voir de manière plus large. Il est possible qu'une situation familiale ou des circonstances extérieures viennent empêcher la relation. Il est conseillé de bien les analyser afin d'en comprendre les enjeux.

Dans son aspect inversé, la dispute peut entraîner une grande colère et un point de désaccord impossible à résoudre pour le moment. Mais il peut également être question d'un contretemps qui vient marquer une amélioration dans la relation, bien qu'elle reste conflictuelle. Le problème à la source n'est pas réglé.

GUIDANCE

Une personne ou des circonstances vous poussent vers un conflit, parfois intérieur, dont il est difficile de sortir.

Vous essayez de mener un combat, mais il est bon de vous interroger sur les raisons de cette lutte. Vous trouverez une paix intérieure uniquement en prenant du recul face à cette situation.

INTERPRÉTATION

En relation & Célibataire

- Points de désaccord entre les deux partenaires. Vous ne parvenez pas à trouver un terrain d'entente.
- Vous vous accrochez à un conflit qui perdure, mais vous ne savez plus quelle en est la raison.
- Une personne ou une situation vient semer le trouble dans votre relation.
- Vous vivez actuellement un conflit intérieur suite à une ancienne relation ou à une situation complexe. Il vous est difficile de trouver un apaisement.
- Une dispute peut éclater sans réelle raison.
- Vous rencontrez des obstacles sur votre route.

Inversé ou en blocage

- Un terrain d'entente peut être trouvé, encore faut-il le vouloir.
- Une dispute vous met hors de vous.
- Vous décidez de vous éloigner d'un conflit.

SIX DE BÂTONS

AFFIRMATION

Je me félicite de mes victoires. Ma valeur et mes compétences sont reconnues.

EN BREF

Général : Victoire – Réussite – Gloire – Fierté – Récompense – Accomplissement – Admiration.
Inversé : Déception – Manque d'envie d'agir – Trop de fierté pour admettre la vérité.

PRÉSENTATION DE L'ARCANE

Le six de bâtons annonce le succès et une victoire. C'est une carte très positive qui vient estomper les doutes, s'il y en a. Après les efforts déployés, la récompense et la reconnaissance sont là. Si vous êtes dans l'attente d'une réponse, soyez certain·e qu'elle sera positive.

Dans son aspect relationnel, cette carte vient confirmer la bonne entente entre deux personnes, la volonté de maintenir un lien ou bien la prise de conscience de la valeur de l'autre.

Dans son aspect inversé, le succès n'est pas au rendez-vous, il peut y avoir une perte de confiance en soi ou dans la relation. L'envie de se battre et de s'imposer peut même se dissiper. Dans son extrême, attention à ne pas être trop sûr·e de soi. De plus, il y a du retard dans la réception de messages ou bien de réponses.

GUIDANCE

Après des instants difficiles de lutte et de remise en question, c'est le moment de célébrer les victoires. Il n'y a pas de petites réussites, elles sont toutes importantes, car chacune d'elles contribue à votre bonheur. Profitez pleinement de ces instants de joie et imprégnez-vous de ces énergies positives. Vous entrez dans une période propice aux bonnes nouvelles.

INTERPRÉTATION

En relation & Célibataire

- Les efforts fournis pour construire une relation sont couronnés de succès.
- Vos qualités sont reconnues à leur juste valeur. Il s'agit pour vous d'une période de réussite.
- Vous recevez une bonne nouvelle qui vous met en joie.

Inversé ou en blocage

- Vous ressentez un manque de confiance en vous qui vous empêche d'agir.
- Vous ne voulez pas reconnaître vos torts.
- Vous choisissez de ne pas vous imposer ou de vous faire remarquer.
- Un excès de confiance pourrait vous jouer des tours.

SEPT DE BÂTONS

AFFIRMATION

Je trouve la force en moi de me battre et de défendre les causes dans lesquelles je crois.

EN BREF

Général : Défendre ses convictions – Lutte – Surmonter des obstacles – Confrontation – Détermination.
Inversé : Être sur la défensive – Refus de changer d'avis par principe – Opposition – Entêtement.

PRÉSENTATION DE L'ARCANE

Le sept de bâtons annonce des luttes à mener pour défendre ses convictions et ses idées. Il est important de faire entendre sa voix et de défendre son point de vue, même si c'est au prix d'un combat acharné, car cela peut devenir indispensable pour soi. Le sept de bâtons aide à développer le courage pour faire face à l'adversité.

Dans son aspect relationnel, une personne crée une situation conflictuelle, car elle tient à défendre sa vision et ses principes face à des circonstances ou face à une autre personne. Elle fait preuve de détermination et déploie des arguments. Si la lutte persiste, il est bon de se demander si le combat est justifié, car elle peut se montrer tenace.

Dans son aspect inversé, il est question de refuser de changer d'avis, même face à une argumentation pointue. Il est possible de s'opposer, mais seulement par principe, et, par conséquent de faire en sorte qu'il n'y ait pas de fin au débat. À l'opposé, le sept de bâtons peut signifier l'abandon du combat par manque d'énergie.

GUIDANCE

Vous avez la force et le courage de défendre vos principes et convictions. C'est très important pour vous, mais il vous est demandé de veiller à mener des combats justes et de ne pas vous montrer entêté·e. Il est bon d'utiliser votre force à bon escient : cela vous permettra de réserver votre énergie pour les causes importantes pour vous.

INTERPRÉTATION

En relation & Célibataire

- Chacun·e défend ses positions et sa vision du couple.
- Difficultés à avancer dans la même direction : chacun·e a son point de vue.
- Vous avez votre vision des choses et rien ni personne ne peut vous faire changer d'avis.
- Défendre vos principes est une priorité.

Inversé ou en blocage

- Vous êtes constamment sur la défensive, il est difficile de créer un climat apaisant.
- Vous campez sur vos positions sans vouloir y déroger.
- Vous baissez les bras et cessez d'être dans le conflit.

HUIT DE BÂTONS

AFFIRMATION

Je saisis chaque idée, chaque opportunité qui se présente à moi, tout en tenant compte de mes priorités.

EN BREF

Général : Mouvement – Rapidité – Message – Accélération – Avancement rapide d'un projet, d'une situation.
Inversé : Fin d'un engouement, d'une relation ou d'un contact – Retard.

PRÉSENTATION DE L'ARCANE

Le huit de bâtons annonce des événements rapides. Si une situation stagnait, cette carte vient impulser du mouvement. Il est aussi question de clarifier son esprit, de savoir où l'on souhaite aller et de passer à l'action. La communication, écrite ou orale, est donc rapide : les détours sont évités afin d'aller droit au but.

Dans son aspect relationnel, le huit de bâtons peut se traduire par un coup de cœur pour une personne et, par conséquent, une communication rapide. Pas de temps à perdre. Elle indique également la volonté de passer à la vitesse supérieure et que la rencontre prenne une tournure plus concrète, ou bien que la relation avance en étant clair·e dans ses intentions. De manière générale, il est question de mettre en lumière ce qui est désiré en priorité afin de définir un axe dans les actions à mener.

Dans son aspect inversé, l'engouement ressenti s'est estompé. Par conséquent, la communication est moins vive, les messages sont plus distants ou bien inexistants. L'esprit est troublé, voire embrouillé, et il est compliqué de prendre en compte ce qui est vraiment désiré.

GUIDANCE

Le moment est venu de mettre du mouvement dans votre vie. En choisissant parmi l'un de vos souhaits, vous impulserez des actions concrètes en vue de sa réalisation. Il s'agit là d'une occasion d'apporter de nouvelles énergies et du dynamisme dans votre quotidien. Lorsque vous aurez fait votre choix, les événements s'enchaîneront de manière rapide. Soyez prêt·e !

INTERPRÉTATION

En relation & Célibataire

- Vous vous lancez avec ferveur dans une nouvelle relation.
- Votre relation passe au niveau supérieur, tout s'accélère.
- Vous discutez de l'axe que vous souhaitez donner à votre couple ou à votre vie.
- Échanges de messages, communication fluide.
- Des événements vous poussent à vous décider à vous lancer dans un projet de cœur.

Inversé ou en blocage

- Difficulté à savoir quelle direction vous souhaitez choisir pour votre relation ou bien un projet.
- Il n'y a plus de connexion avec une personne, c'est parti aussi vite que c'est arrivé.
- Vous ressentez une perte d'énergie pour mener à bien vos projets. Pensez à prendre du repos.

NEUF DE BÂTONS

AFFIRMATION

Je protège ce qui est important pour moi tout en me préservant.

EN BREF

Général : Résilience – Prudence – Ouverture d'esprit – Protection – Défense.
Inversé : Isolement – Manque d'énergie – Retard – Être sur la défensive.

PRÉSENTATION DE L'ARCANE

Le neuf de bâtons vient mettre en avant la volonté de se protéger en adoptant une posture de prudence. Nous sommes prêts à nous défendre, au cas où, et par réflexe. C'est une manière d'être prêt·e à faire face à toute éventualité et de ne pas être pris·e au dépourvu. Tout comme le fait de se protéger de toute personne ou situation pouvant déstabiliser notre bien-être.

Dans son aspect relationnel, le neuf de bâtons pousse à se protéger, quitte à prendre de la distance avec une personne. Il est possible de se sentir vulnérable, on se prépare alors à toute possibilité. Il peut également être question de se protéger suite à des déceptions passées qui ont blessé. Dans un tirage, cela peut signifier qu'une personne adopte une attitude protectrice envers elle-même au détriment de l'autre à qui elle ne laisse pas la possibilité de faire partie de sa vie.

Dans son aspect inversé, cela vient rappeler qu'à être trop sur la défensive, il est possible de s'épuiser, et cela de manière extrême. Il serait bon de ne pas s'enfermer dans sa bulle protectrice.

GUIDANCE

À trop vouloir vous protéger, vous pouvez vous isoler ou bien ne pas laisser de bonnes personnes entrer dans votre vie. Même si vous ne baissez pas la garde, osez laisser la porte ouverte : de belles rencontres et de beaux échanges sont à portée de main et pourraient vous faire envisager votre situation autrement.

INTERPRÉTATION

En relation & Célibataire

- Relation conflictuelle, car un des deux partenaires est sur la défensive.
- Possibilité de se sentir attaqué·e et de vouloir se défendre à tout prix. À trop vouloir se protéger, vous vous éloignez de votre partenaire ou ami·e.
- Une distance peut se ressentir dans la relation.
- Vous faites le choix de vous isoler et de prendre de la distance face à des situations vous rappelant des faits passés.

Inversé ou en blocage

- Épuisement à force de lutter et de se défendre, au point de ne plus savoir pourquoi.
- Isolement possible si vous restez sur vos idées sans écouter celles des autres.
- Grosse fatigue suite à des luttes incessantes.
- Il est temps de revoir vos positions ou stratégies face à des personnes ou situations.

DIX DE BÂTONS

AFFIRMATION

Je me libère du poids que je porte afin d'avancer sur mon chemin en toute sérénité.

EN BREF

Général : Épuisement – Battre en retraite – Porter un fardeau et vouloir s'en libérer – Surmenage.
Inversé : Assumer trop de responsabilités – Se pousser à la limite – Sentiment qu'on est à blâmer pour tout.

PRÉSENTATION DE L'ARCANE

Le dix de bâtons évoque des situations en lien avec le surmenage, les responsabilités que la vie impose et qui donnent la sensation d'être infinies. Avec cette carte, nous sommes dans l'obligation d'assumer le poids d'un fardeau parfois dur à porter, et, par conséquent, de ne pas accorder d'importance à ses réels besoins et envies. Cette situation a trop duré, il est possible d'y mettre fin en acceptant de déléguer, de revoir ses priorités ou bien de changer sa manière de l'aborder. Le tout est de le vouloir.

Dans son aspect relationnel, des éléments extérieurs viennent ralentir le bon déroulement de la relation. Des obligations familiales, professionnelles ou autres peuvent absorber l'un des partenaires. De même, une personne peut ne pas se montrer disponible tant elle est prise dans un engrenage auquel elle ne voit pas d'issue. Il est probable que demander de l'aide ou en discuter soit totalement hors de propos. Le choix de tout assumer est fait, mais à quel prix ?

Dans son aspect inversé, les solutions possibles ne sont pas envisagées tant la certitude qu'il n'y en a pas est grande. Le poids des responsabilités l'a emporté sur tout le reste. Ou bien la lumière se fait et une nouvelle manière de gérer la situation est envisagée pour enfin se libérer de ce poids.

GUIDANCE

Vous ne voyez pas d'issue à ce que vous expérimentez actuellement. Le poids est trop lourd à porter. Et si vous vous libériez de ce qui entrave votre bien-être ? La méthode du petit pas peut vous aider à continuer à avancer tout en vous allégeant l'esprit. Plus vous vous soulagerez, plus vous percevrez les solutions et non les problèmes.

INTERPRÉTATION

En relation & Célibataire

- Vous n'arrivez pas à vous concentrer sur votre relation, car vous croulez sous le poids des responsabilités.
- Vous vous perdez dans la gestion d'impératifs.
- Vous vous laissez submerger par votre charge mentale sans voir d'issues possibles.
- Des éléments extérieurs influent sur votre relation.

Inversé ou en blocage

- Vous refusez d'envisager des possibilités et de déléguer lorsque vous le pouvez.
- Vous vous épuisez à trop vouloir lutter et à vouloir assumer seul·e les responsabilités que vous portez.
- Vous acceptez de déléguer, même si cela peut vous coûter.

PAGE DE BÂTONS

AFFIRMATION

Je choisis une nouvelle direction qui me permet de m'exprimer comme je le souhaite.

EN BREF

Général : Messager – Excitation – Choix – Enthousiasme – Se lancer dans un projet – Décider quelle voie emprunter.
Inversé : Communication perturbée – Hésitation – Besoin de se recentrer – Exubérance enfantine – Énergie insouciante.

PRÉSENTATION DE L'ARCANE

Le page de bâtons apporte des énergies vives de par son jeune âge. Avec lui, l'action peut être rapide à partir du moment où l'on sait ce que l'on veut. En effet, il implique de devoir écouter ses envies profondes afin de déterminer quelle direction choisir ou tout simplement de prendre une décision.

Dans son aspect relationnel, il représente la personne qui est attentive à ses pulsions et ses envies et qui dirige ses choix en conséquence. En bon messager, il apporte des nouvelles inspirantes remplies d'enthousiasme. Il y aura de l'action et de la vivacité d'esprit avec lui.

Dans son aspect inversé, il est difficile de savoir ce qui est désiré ou bien de prendre une décision. L'esprit est embrouillé et, par conséquent, très peu disposé à agir. Dans son extrême, il peut être question d'exubérance et de ne pas savoir se contenir.

GUIDANCE

Il est temps d'écouter cette pulsion qui est en train de naître en vous. Elle vous aidera à mettre au clair votre esprit et à prendre la décision que vous repoussez. Cela vous donnera l'occasion de suivre en toute allégresse une voie en accord avec vos désirs profonds qui préparera votre avenir.

INTERPRÉTATION

En relation & Célibataire

- Vous décidez quelle direction vous souhaitez prendre dans votre relation.
- Vous mettez au clair vos désirs et intentions, quel que soit le domaine.
- Des messages, des conversations vont vous aider à prendre une décision.
- Des énergies pleines d'enthousiasme vous envahissent, vous laissez votre inspiration vous guider vers un domaine, une expérience qui vous attire.

Inversé ou en blocage

- Vous avez l'esprit troublé au point d'avoir du mal à savoir ce que vous voulez.
- Vous avez tendance à vous montrer trop exubérant·e. Attention à ne pas faire peur à votre entourage.
- Vous avez du mal à suivre votre élan créatif.

CAVALIER DE BÂTONS

AFFIRMATION

Je tempère mes pulsions et je mets en action mes idées inspirantes.

EN BREF

Général : Bravoure – Action inspirée – Passionné·e – Attirance pour les défis – Confiance en soi.
Inversé : Impatience – Négligence – Impulsivité – Impétuosité – Insensibilité.

PRÉSENTATION DE L'ARCANE

Le cavalier de bâtons fait appel à tout ce qui nous anime profondément. Il fait écho aux passions, quel que soit le domaine, à ce qui stimule et qui donne envie de foncer à toute allure en profitant pleinement des sensations que cela procure.

Dans son aspect relationnel, il peut être question d'une nouvelle rencontre passionnée, d'une personne exaltée qui montre son engouement et pour qui vivre la passion est important. Il est question d'écouter ses pulsions et de les assouvir. Cet arcane peut faire référence au don Juan qui sommeille en chacun de nous. Faut-il écouter ses pulsions, ou bien être raisonnable ? Il peut être également question de vivre des échanges passionnés. Avec cette carte, l'action est rapide, pas de long terme à prévoir pour le moment.

Dans son aspect inversé, le cavalier de bâtons évoque le fait d'écouter ses pulsions et envies, de les assouvir, mais en ne prenant pas en compte les sentiments des autres. Les aventures sans lendemain peuvent être de la partie, tout comme un manque de communication. À l'opposé, le manque d'énergie peut faire prendre du retard sur les projets ou engagements.

GUIDANCE

Vous menez avec ardeur et passion les actions qui vous procurent de la joie. Vous voyez la vie comme un défi et vous n'écoutez pas les jugements ni les avis des autres. Vous suivez uniquement votre instinct qui vous guidera vers de nouvelles expériences passionnantes.

INTERPRÉTATION

En relation & Célibataire

- Relation sulfureuse. Vous écoutez vos pulsions et vous les assouvissez.
- Conversation passionnante avec quelqu'un de stimulant.
- Vous vivez avec enthousiasme et intérêt chaque nouvelle expérience
- Vous agissez en lien avec ce qui vous anime et ce qui vous procure du plaisir.

Inversé ou en blocage

- Vous êtes un vrai bourreau des cœurs qui ne se soucie pas de ce que ressentent les personnes avec qui il est.
- Tendance à la nervosité et à l'impatience. Il faut savoir tempérer ses pulsions.
- La communication n'est pas votre spécialité.

REINE DE BÂTONS

AFFIRMATION

Je prends conscience de mon pouvoir personnel et je l'exprime dans ce que j'entreprends.

EN BREF

Général : Confident·e – Habilité – Confiance en soi – Volonté – Dynamisme – Personne attirante.
Inversé : Jalousie – Possessivité – Manipulation – Plans et ambitions contrariés.

PRÉSENTATION DE L'ARCANE

La reine de bâtons incarne la femme qui a conscience de ses atouts, de son charme, de son aura et de sa force intérieure. Elle veut diriger sa vie comme elle le désire et est prête à entreprendre toute action dans ce but. Rien ne lui résiste, car elle sait comment gérer tout type de situations et de personnes.

Dans son aspect relationnel, elle représente la femme pleine de charme, consciente de l'impact et de l'inspiration qu'elle suscite auprès des gens. Quand elle entre dans une pièce, elle est remarquée, et elle le sait. Elle est sûre d'elle et, en bonne leader, elle mène sa vie et ses affaires comme elle le souhaite.

Dans son aspect inversé, trop confiante, elle peut se montrer manipulatrice pour arriver à ses fins. Elle peut également mener ses affaires d'une mauvaise manière et, par conséquent, le résultat n'est pas au rendez-vous. De plus, elle peut perdre confiance en elle et ne plus agir comme elle le ressent mais plutôt comme elle pense devoir agir, notamment aux yeux des autres et, par conséquent, ne plus être connectée à ses instincts.

GUIDANCE

Cessez de douter et prenez conscience de vos atouts et de votre force en toutes circonstances. Vous vous connectez au leader qui sommeille en vous afin de mener vos actions et vos objectifs avec succès. Vous réussissez vos entreprises et inspirez le respect de votre entourage.

INTERPRÉTATION

Générale

- Conscient·e de vos compétences et valeurs, vous dirigez votre vie comme vous le désirez.
- Vous incarnez la femme sensuelle qui ne laisse pas indifférent·e. Vous impactez toute personne avec qui vous discutez.
- Vous représentez la femme forte et sûre d'elle aux yeux de votre partenaire.

Inversé ou en blocage

- Le manque de confiance vous gagne. Vous avez quelques doutes concernant la manière de diriger votre vie.
- Vous vous montrez jaloux·se et possessif·ve auprès des personnes que vous aimez.
- Perte de confiance et d'élan créatif dans vos entreprises. Vous ne savez plus comment agir.

ROI DE BÂTONS

AFFIRMATION

J'ai confiance en moi et mes ressentis pour mener à bien mes actions.

EN BREF

Général : Visionnaire – Entreprise – Sagesse – Optimisme – Détermination – Curiosité – Leadership.
Inversé : Manque de combativité – Manque de confiance en soi.

PRÉSENTATION DE L'ARCANE

Le roi de bâtons représente l'homme sûr de lui, prêt à passer à l'action s'il y a intérêt, après avoir écouté ses pulsions et ses intuitions. Entreprendre ne lui fait pas peur, bien au contraire : c'est dans sa nature. En revanche, il ne le fait que lorsqu'il est convaincu.

Dans son aspect relationnel, il s'agit d'une personne qui sait entreprendre, qui a une grande confiance en elle et qui est pleine de charisme. Elle fera tout pour avoir l'objet de sa convoitise. La personne incarnant le roi de bâtons sera prête à soulever des montagnes et à prendre les choses en main, dès lors qu'elle sera séduite ou bien sous le charme d'une personne.

Dans son aspect inversé, le roi de bâtons va se montrer moins en confiance, son esprit combatif l'abandonne et laisse place à un manque d'inspiration et à de la procrastination. Il peut également se montrer intransigeant dans ses choix ou pensées.

GUIDANCE

Vous incarnez une personne ayant une totale confiance en elle et qui adopte un comportement de leader. Vous suivez vos instincts pour diriger chacune de vos actions avec brio. Observez la force que cela vous procure afin de vous en imprégner et de la maintenir pour les actions futures.

INTERPRÉTATION

Générale

- Vous êtes l'homme de la situation, vous dirigez les choses comme vous l'entendez.
- Votre partenaire est quelqu'un qui sait ce qu'il veut, rien n'entrave ses désirs.
- Incarnez le leader qui sommeille en vous.

Inversé ou en blocage

- Manque de combativité et d'inspiration dans les projets de couple ou personnels.
- Perte de confiance en soi, ce qui entraîne de l'inaction.
- Possibilité de se montrer dur·e envers soi ou bien les autres.

SUITE DE COUPES

AS DE COUPES

AFFIRMATION

Je me connecte à mes émotions afin de prendre conscience de mes désirs et de mes besoins.

EN BREF

Général : Lien – Nouvelle idylle – Amour – Sensibilité – Inspiration créative – Prise de conscience.
Inversé : Manque de connexion à ses émotions – Pas de relation à l'ordre du jour – Rejet de relation.

PRÉSENTATION DE L'ARCANE

L'as de coupes annonce le début d'une relation avec une personne ayant les mêmes sentiments ou intentions. C'est une carte de connexion à l'amour, à ce lien fort grâce auquel on se sent sur un petit nuage. L'as de coupes annonce que ce qui est désiré est à portée : si ce n'est pas déjà arrivé, cela ne va pas tarder à se manifester. Il évoque aussi la prise en compte de sentiments jusque-là insoupçonnés. Il peut également s'agir d'une personne ayant une forte sensibilité et qui peut très facilement l'exprimer. Attention aux débordements. Liées à la créativité, de nouvelles idées peuvent surgir dans l'esprit.

Dans son aspect relationnel, l'as de coupes indique le début ou l'approfondissement d'une union. Les sentiments sont pris en compte et exprimés. Un nouvel élan romantique est impulsé. Avec lui, il est possible de ressentir une connexion profonde avec une personne, mais aussi avec ses propres sentiments. Ainsi, l'écoute de ses ressentis se fait plus présente et permet de se lancer dans une voie plus alignée avec soi.

Dans son aspect inversé, il va être question de rejeter toute idée de relation, de ne pas vouloir s'engager ou bien d'être déconnecté·e de ses émotions, ce qui peut avoir comme conséquence de s'isoler ou bien d'ériger des remparts autour de soi.

GUIDANCE

Vous entrez dans une période de bonheur. Laissez votre cœur vous guider vers ce qui vous procure de la joie. Il peut s'agir d'une nouvelle activité, d'un nouveau réseau ou bien d'être en accord parfait avec vous-même. Vous serez touché·e par les moments de joie que vous vivrez.

INTERPRÉTATION

En relation & Célibataire

- Début d'une relation.
- Prise de conscience des sentiments éprouvés envers une personne.
- Approfondissement d'une relation existante. Des sentiments profonds sont partagés.
- Des moments de joie et de bonheur partagés sont à prévoir.
- Une nouvelle rencontre va venir chambouler votre quotidien pour votre plus grand bonheur.
- Être prêt·e à s'engager dans une nouvelle relation.
- De nouvelles impulsions créatives se manifestent. Écoutez-les.

Inversé ou en blocage

- Vous vous coupez de tout type de relation.
- Vous ne souhaitez pas vous ouvrir à de nouvelles connexions.
- Vous n'êtes plus réceptif·ve à votre créativité, vous rencontrez une période creuse.

DEUX DE COUPES

AFFIRMATION

Je me rapproche des personnes qui ont la même sensibilité que moi.

EN BREF

Général : Rencontre – Réconciliation – Amitié – Coopération – Compréhension mutuelle.
Inversé : Perturbation d'une relation – Manque de connexion – Déséquilibre.

PRÉSENTATION DE L'ARCANE

Le deux de coupes est la carte qui représente l'alliance, le lien fort qui unit deux personnes. Il annonce que les sentiments sont partagés, tout comme l'envie d'aller dans la même direction. Une complicité s'installe, ce qui apporte une harmonie dans les échanges.

Dans son aspect relationnel, un accord parfait, inébranlable, s'installe entre deux personnes. Il peut également s'agir d'une nouvelle rencontre forte en sentiments et en connexion. Chacun est prêt à partager des moments avec l'autre, de manière équilibrée. Une nouvelle amitié peut naître, une réconciliation peut avoir lieu.

Dans son aspect inversé, l'alchimie n'est pas présente, bien au contraire. Il faut s'attendre à de l'absence et de la distance de la part du/de la partenaire. Vous n'êtes plus sur la même longueur d'onde.

GUIDANCE

Vous êtes à l'écoute de vos sentiments et agissez en totale adéquation avec eux. Vous vous dirigez en toute quiétude vers de nouvelles connaissances. La magie de la vie mettra sur votre route les bonnes personnes. Vous allez entrer en connexion avec celles qui ont les mêmes vibrations que vous.

INTERPRÉTATION

En relation & Célibataire

- Une connexion et une complicité se sont installées. Votre union vogue vers de beaux jours.
- Vous partagez un respect mutuel, ce qui renforce votre lien.
- Nouvelle rencontre avec une personne qui a les mêmes attentes que vous.
- Vous vivez une relation harmonieuse.
- Une relation est vécue sur un pied d'égalité.
- Compatibilité entre deux personnes.

Inversé ou en blocage

- Une relation est perturbée, il y a un déséquilibre. Tout ne se passe pas comme vous le souhaitez.
- Il n'y a pas de complicité partagée. La relation bat de l'aile.
- Une tension au sein de la relation se fait ressentir. Il est conseillé d'instaurer un dialogue.
- Il y a un manque d'intérêt ou de considération pour une personne.

TROIS DE COUPES

AFFIRMATION

Je me nourris des moments de joie avec mon entourage et je m'ouvre à de nouvelles rencontres.

EN BREF

Général : Amitié – Rencontre – Rendez-vous – Gaîté – Joie – Célébration – Invitation.
Inversé : Attention dans l'exagération des émotions – Focalisation sur les apparences – Exubérance.

PRÉSENTATION DE L'ARCANE

Le trois de coupes représente la fête, les moments de réunion, de joie et de plaisir d'être entouré·e des personnes que l'on aime. Il est également question de fêter une bonne nouvelle, d'accepter les invitations, même celles qui n'attirent pas l'intérêt dans un premier temps. Il peut y avoir de belles surprises, comme une rencontre inattendue.

Dans son aspect relationnel, c'est la carte de l'amitié, des moments de joie en groupe, mais aussi des rencontres. Il est bon de s'accorder des moments de légèreté et d'insouciance. Mais ce qui prime est la célébration, lors de fêtes familiales par exemple, et de passer des moments de qualité avec un entourage apprécié.

Dans son aspect inversé, le cœur n'est pas à la fête, il est difficile de célébrer quoi que ce soit, ou bien à contrecœur. Il peut être également question de faire preuve d'exubérance et de montrer un aspect de sa personnalité fantaisiste. Peut-être l'envie de porter un masque ? De plus, les liens amicaux ou autres ne sont pas présents, une distance peut s'installer.

GUIDANCE

Vous êtes dans une période où les échanges et les moments conviviaux vous feront le plus grand bien.

Il vous est vivement conseillé d'accepter les invitations que vous recevrez ou de saisir les opportunités qui se présenteront à vous. De belles rencontres et des instants joyeux sont à prévoir.

INTERPRÉTATION

En relation & Célibataire

- Vous fêtez un événement heureux : anniversaire de votre rencontre, mariage, baptême, réunion familiale... Cela peut être l'occasion d'une présentation officielle.
- Vous profitez pleinement des moments ensemble ainsi qu'avec vos familles et groupes d'amis.
- Les moments entre amis, en famille, avec les personnes que vous aimez sont votre priorité.
- Possibilité de rencontre lors d'une sortie ou d'une fête familiale.
- Vous sortez de votre coquille et vous vous ouvrez au monde avec l'envie de rencontrer de nouvelles personnes et d'agrandir votre réseau.

Inversé ou en blocage

- Le plaisir d'être ensemble se disloque. Le lien se défait.
- Le cœur n'est pas à la fête, quelque chose vous tracasse.
- Vous montrez une facette de vous qui ne vous correspond pas.
- Désir de se retrouver seul·e.

QUATRE DE COUPES

AFFIRMATION

Je chasse toute pensée négative et je prends le temps d'observer toutes les richesses que j'ai dans ma vie.

EN BREF

Général : Doute – Introspection – Concentration sur soi – Manque d'initiative.
Inversé : Sortir de l'inertie – Voir ce que l'on a à portée – Stabilité dans les émotions.

PRÉSENTATION DE L'ARCANE

Le quatre de coupes fait référence à un manque d'action, d'initiative et à un besoin de repos. Cette situation est très souvent due à des désillusions et des déceptions qui poussent à se mettre en retrait. Cette carte indique aussi une insatisfaction. On est focalisé·e sur ce qui nous manque.

Dans le cadre relationnel, le quatre de coupes peut indiquer que le doute est présent au point d'entraîner l'inaction et une période d'inertie s'installe. Il est possible de rester focalisé·e sur ses émotions et de les laisser prendre le dessus plutôt que d'adopter un regard objectif sur la situation. En couple, il peut être question de se concentrer sur ce qui se passe ailleurs et que l'on n'a pas dans sa vie. Un désintérêt envers la relation ou une personne s'installe. Le choix de rester seul·e est préféré plutôt que d'exprimer ce qui est ressenti. En outre, il peut être également question de se rendre compte qu'un·e ancien·ne partenaire nous manque. Quelle que soit la situation, le besoin de prendre du repos et de ne rien faire domine.

Dans son aspect inversé, il s'agit de changer de regard sur la situation afin de se rendre compte de ce que l'on a et d'impulser une autre attitude en sortant de l'inertie.

GUIDANCE

Vous pouvez ressentir un manque d'intérêt ou d'envie envers une situation. Prenez le temps de faire une pause, afin de vous recentrer sur vous et vos ressentis. En revanche, prenez garde à ne pas basculer dans une forme d'inaction. En posant un autre regard sur ce que vous vivez, vous prendrez conscience de ce qui vous entoure et retrouverez l'envie d'agir afin de vous assurer une stabilité émotionnelle.

INTERPRÉTATION

En relation & Célibataire

- Lassitude dans la relation. Il vous manque quelque chose.
- Insatisfaction. Vous ne voulez pas voir les côtés positifs de votre relation.
- Vous pensez à une relation passée avec regret.
- Vous vous fermez à de nouvelles rencontres.
- Vous restez concentré·e sur vos déceptions sans regarder les opportunités autour de vous.

Inversé ou en blocage

- Votre regard se porte sur ce qui vous entoure et vous en voyez le potentiel.
- Vous ressentez comme une envie de changer quelque chose dans votre vie.
- Vous ressentez un trop-plein d'émotions qui vous empêchent d'agir.

CINQ DE COUPES

AFFIRMATION

J'accepte ce que je ne peux contrôler. Je prends de la distance avec mes doutes et mes incertitudes.

EN BREF

Général : Confusion émotionnelle – Tristesse – Peur de l'abandon – Deuil – Changement de perspective.
Inversé : Déception – Chagrin – Déséquilibre émotionnel – Changement de priorités.

PRÉSENTATION DE L'ARCANE

Le cinq de coupes est une carte qui apporte son lot de confusion émotionnelle et de tristesse liées à la notion de perte et de deuil d'une situation ou d'une relation. Il est possible de se sentir perdu·e au point de sombrer dans les regrets et de ne pas vouloir aller de l'avant. Le processus de deuil peut être parfois long. Avec cette carte, les émotions peuvent prendre le dessus, ce qui peut entraîner une période de doute et de trouble.

Dans son aspect relationnel, il peut être question de la fin d'une relation, de la peur de l'abandon du/de la partenaire ou bien de la difficulté d'accepter une rupture. La morosité prend une place importante, apportant son lot de regrets et de tristesse. Il peut également s'agir d'une personne qui garde une mélancolie en elle suite à des événements passés dont elle a du mal à se détacher.

Dans son aspect inversé, le processus de deuil est en cours, adapté au rythme de chacun·e, mais le mécanisme est en route, et c'est ce qui importe. Il peut également être question de rester focalisé·e sur le sentiment de tristesse et de perte. Il n'y a que ça qui compte et, par conséquent, le déséquilibre émotionnel est d'autant plus grand.

GUIDANCE

Des regrets vous assaillent et vous avez du mal à guérir et à faire le deuil d'une relation ou d'une situation passée. Même si le chagrin est fort, il vous est conseillé d'accepter sa fin. Cela ne signifie pas d'oublier mais plutôt de vous libérer d'un poids difficile à porter. Vous vous permettrez, ainsi, de rebondir et de vous ouvrir à de nouvelles possibilités.

INTERPRÉTATION

En relation & Célibataire

- Les vestiges d'une relation passée vous empêchent de vivre pleinement votre relation actuelle.
- Vous traversez un cap compliqué dans la relation et avez du mal à aller de l'avant.
- Il vous est difficile de faire le deuil d'une relation passée. Vous pouvez nourrir l'espoir d'un retour de l'être aimé.
- Vous avez du mal à envisager une nouvelle rencontre à cause de blessures encore présentes.
- Vous acceptez la fin d'une relation et vous vous libérez de son poids.

Inversé ou en blocage

- Vous acceptez de passer à autre chose.
- Le sentiment de tristesse est plus fort que tout le reste.
- Vous vous accrochez au souvenir plutôt que de penser à l'instant présent.

SIX DE COUPES

AFFIRMATION

Je me connecte à mon enfant intérieur·e et à toutes les émotions qui me procurent de la joie.

EN BREF

Général : Nostalgie – Tendresse – Enfance – Innocence – Engouement – Naïveté.
Inversé : Réapparition d'anciennes blessures – S'accrocher à un vieux souvenir – Rester bloqué·e dans le passé.

PRÉSENTATION DE L'ARCANE

Le six de coupes évoque la nostalgie des bons moments passés, ceux qui procurent de la joie et du bonheur lorsque l'on y repense. Cette carte est en lien avec le fait de se connecter à son enfant intérieur·e, à tout ce qui touche aux bons souvenirs de l'enfance et qui apporte du réconfort. Cette carte est notre madeleine de Proust, en quelque sorte.

Dans le cadre relationnel, le six de coupes peut faire référence à une relation passée dont on garde un bon souvenir. Elle peut évoquer le retour d'une personne du passé mais aussi le fait de s'autoriser à faire quelque chose qui rappelle de bons souvenirs. Cette carte fait plonger dans le passé mais de manière positive, avec son lot de bonheur et de joie. Il est donc aussi question de vivre une relation ou des instants spontanés, pleins d'insouciance. Les échanges sont naturels, en toute simplicité.

Dans son aspect inversé, le six de coupes fait référence aux regrets qui peuvent être ressentis en lien avec une relation passée ou bien un événement auquel on s'accroche. Il est conseillé de ne pas rester trop dans le passé et de se concentrer sur le présent. De plus, il est possible d'avoir du mal à se connecter à son enfant intérieur·e et, par conséquent, à vivre des moments joyeux.

GUIDANCE

Vous êtes invité·e à vous connecter à votre enfant intérieur·e et à vous autoriser à faire ce qui vous procure du plaisir. Ce sont des instants sacrés qui vous donneront de nouvelles inspirations. En incarnant l'enfant qui sommeille en vous, vous vous détacherez du regard des autres. Laissez-vous envahir par ces moments d'allégresse, cela vous aidera à ressentir vos vibrations et à les augmenter.

INTERPRÉTATION

En relation & Célibataire

- Vous vivez votre relation en toute insouciance.
- Vous repensez avec nostalgie à des moments qui vous procuraient de la joie.
- Vous ressentez des regrets pour une relation ou une situation passée.
- Vous écoutez votre enfant intérieur·e afin de vous accorder des moments de plaisir.

Inversé ou en blocage

- Vous avez du mal à vous accorder des moments de bien-être.
- Vous nourrissez des souvenirs d'une relation passée et avez du mal à l'oublier.
- Votre esprit est trop dans le passé, il est bon d'être dans le présent.

SEPT DE COUPES

AFFIRMATION

J'observe les possibilités qui s'offrent à moi.
Je reste réaliste dans mes prises de décision.

EN BREF

Général : Illusion – Possibilités – Fantasme – Tentation – Attentes élevées.
Inversé : Difficulté à choisir – Se laisser séduire – Clarifier son esprit.

PRÉSENTATION DE L'ARCANE

Le sept de coupes fait référence aux doux rêves qui peuvent absorber notre esprit au point de se déconnecter de la réalité. Cette carte invite à se positionner sur les priorités qui sont à mettre en place dans son quotidien plutôt que se perdre dans son imaginaire.

Dans son aspect relationnel, cette carte signifie qu'il est possible de fantasmer une relation et de ne pas voir la réalité. Dans un contexte créatif, il est question d'inspirations qui peuvent envahir l'esprit. Il s'agit là d'idées à garder précieusement, car elles peuvent aider dans les projets à venir.

Dans son aspect inversé, le sept de coupes invite à se recentrer sur une idée et à s'y tenir. Fini la rêverie. Il peut également être question d'être totalement déconnecté·e de la réalité et d'avoir du mal à rester ancré·e. Il est même possible d'aller dans certains excès.

GUIDANCE

Il vous est conseillé de laisser votre imaginaire et votre créativité vous montrer toutes les possibilités qui s'offrent à vous. Cela vous apportera de nouvelles inspirations pour vos futurs projets. Mais il vous est recommandé de rester ancré·e et de ne pas vous perdre dans ces rêveries. Rêver, c'est bien, mais expérimenter et être dans le concret vous sera plus utile.

INTERPRÉTATION

En relation & Célibataire

- Vous rêvez votre relation plutôt que de la vivre.
- Vous êtes à un stade de votre relation où plusieurs options sont possibles. À vous de décider celle que vous désirez.
- Vous avez des attentes élevées en ce qui concerne votre relation.
- Vous idéalisez la relation de vos rêves mais vous oubliez que le prince charmant n'existe pas.
- Vous rêvez votre vie plutôt que de la vivre.

Inversé ou en blocage

- Vous hésitez à prendre une décision. Difficile de choisir entre plusieurs options.
- Attention à ne pas se déconnecter de la réalité.
- Vous vous reprenez et cessez de rêver pour être dans le concret.

HUIT DE COUPES

AFFIRMATION

Je me tourne vers de nouvelles valeurs qui ont du sens pour moi.

EN BREF

Général : Laisser-aller – Voyage intérieur – Nouveau départ – Aller vers ce que nous indiquent nos émotions.
Inversé : Mettre fin à une relation – Peur de l'intimité et de l'engagement – Difficulté à écouter ses ressentis.

PRÉSENTATION DE L'ARCANE

Le huit de coupes fait référence au fait de s'éloigner de ce qui n'a plus de sens et qui n'est plus désiré pour se tourner vers une voie d'exploration et ce qui a réellement du sens pour soi. L'intuition et les émotions sont à écouter, car elles peuvent guider vers ce qui est plus juste pour soi. Il s'agit d'une quête intérieure centrée sur l'essentiel, quitte à se détourner d'une situation qui paraissait stable.

Dans son aspect relationnel, il peut être question d'accorder un nouveau départ à une relation existante ou bien de se résoudre à y mettre fin, car il n'y a rien de positif à en retirer. Dans tous les cas, il est question d'écouter ses ressentis et envies les plus profondes et de se permettre de les suivre. Cette carte représente aussi le voyage intérieur, qu'il est bon de faire afin de mieux se connaître et savoir quelle relation est bénéfique pour soi.

Dans son aspect inversé, il est difficile d'acter une fin ou bien de faire des choix en écoutant ses ressentis. Il est possible aussi d'adopter un comportement de fuite afin de ne pas affronter la situation. Il est difficile de se concentrer sur soi et, par conséquent, sur l'autre.

GUIDANCE

Votre intuition et vos émotions sont des alliées qui sauront vous aider à vous tourner vers ce qui a du sens et qui est important pour vous. Écoutez ces voix qui vous susurrent de prendre une nouvelle direction ou un nouveau départ. Elles vous mettront sur la bonne voie à coup sûr.

INTERPRÉTATION

En relation & Célibataire

- Vous accordez un nouveau départ dans une relation.
- Vous choisissez de vivre une relation plus en accord avec vos désirs.
- Vous décidez de vous éloigner d'une relation, d'une situation qui n'a plus de sens pour vous.
- Vous avancez vers une relation qui vous correspond mieux.
- Vous avez besoin d'adopter de nouvelles valeurs dans votre vie.

Inversé ou en blocage

- Refus d'écouter son intuition.
- Vous préférez rester dans une situation qui ne vous convient pas, car vous ne vous écoutez pas.
- Refus de s'engager, quel que soit le type de relation.
- Vous fuyez une situation.

NEUF DE COUPES

AFFIRMATION

Je garde espoir et fais en sorte que mes désirs deviennent réalité.

EN BREF

Général : Espoir – Confort – Contentement – Satisfaction – Accomplissement – Réalisation des rêves.
Inversé : Sentiment de manque – Difficulté à la réalisation des projets – Insatisfaction.

PRÉSENTATION DE L'ARCANE

Le neuf de coupes est la carte de la chance, celle qui rassure lorsque le doute s'installe. Elle annonce que les souhaits et les désirs sont pris en compte et que leur réalisation est en bonne voie. Garder espoir est essentiel, car la réussite est à portée de main. Il est même conseillé de continuer à émettre des souhaits, à rester dans des énergies positives, car il s'agit d'une période très positive.

Dans son aspect relationnel, cette carte annonce que la réalisation des souhaits est en cours. La confiance est de mise. C'est une période propice aux rencontres de qualité, dans laquelle le lien avec la personne est important. De plus, une bonne nouvelle est en route. Il est fort probable que l'estime de soi et la confiance en soi soient au beau fixe, car c'est une phase positive en tout point.

Dans son aspect inversé, il est question de doute, de perte d'espoir et même de penser que les souhaits émis étaient irréalisables. De plus, il est possible de ressentir une insatisfaction par rapport à ce qui est acquis ou bien un succès en demi-teinte.

GUIDANCE

Vos souhaits sont entendus. Continuez à les émettre en les énonçant à haute voix, en les écrivant dans un carnet ou bien en vous recueillant dans des lieux sacrés à vos yeux. Gardez espoir et vous pourrez être surpris·e par la magie de la vie.

INTERPRÉTATION

En relation & Célibataire

- Vous vivez la relation que vous souhaitiez depuis longtemps.
- Vous êtes sur un petit nuage.
- Concrétisation de l'union désirée.
- Gardez espoir : une rencontre est en chemin.
- Vos désirs sont exaucés. Que souhaitez-vous le plus en ce moment ?
- Vous profitez pleinement de la réussite de vos projets.

Inversé ou en blocage

- Vous perdez espoir en toute chose.
- Vous avez du mal à voir se concrétiser vos projets.
- Vous êtes déçu·e du résultat ou bien de la finalité de vos actions.

DIX DE COUPES

AFFIRMATION

Je trouve une issue favorable à ma situation. J'entre dans un cycle d'harmonie et de bonheur.

EN BREF

Général : Bonheur – Accomplissement – Famille – Amour – Bonheur familial.
Inversé : Problème à la maison ou dans une relation – Sentiment d'exclusion – Déséquilibre.

PRÉSENTATION DE L'ARCANE

Le dix de coupes annonce des moments de joie et d'harmonie la plus totale au sein d'une famille qu'elle soit de sang ou bien de cœur. Des instants de pur bonheur sont partagés avec les personnes importantes, celles qui comptent. Cette carte est aussi annonciatrice de réconciliations, de retour au calme et à la paix après une période difficile. Les liens d'amour sont ce qui importe le plus.

Dans son aspect relationnel, des retrouvailles sont à prévoir, tout comme le fait de trouver la paix au sein de la relation ou du foyer. Une belle entente s'installe, chacun·e est considéré·e à sa juste valeur, ce qui instaure une stabilité et une durabilité dans la relation. De plus, la communauté, la famille détient une place importante.

Dans son aspect inversé, il peut être question de ne pas être complètement satisfait·e de la finalité d'une situation ou d'une relation. Un déséquilibre s'installe. Il est possible de s'exclure d'un groupe ou bien de se sentir exclu·e. Il peut également ne pas y avoir d'entente possible pour le moment, mais c'est une situation qui est amenée à évoluer.

GUIDANCE

S'entourer des bonnes personnes est primordial pour son bien-être, mais être en paix et en amour avec soi l'est tout autant. Après une période difficile, vous trouvez enfin le bon entourage, ce qui vous procure de la sérénité. De plus, le sentiment d'appartenance à une communauté vous apporte une paix intérieure ainsi que des instants de pur bonheur.

INTERPRÉTATION

En relation & Célibataire

- Le calme après la tempête. Vous trouvez un terrain d'entente pour le bonheur de tout le monde. Les soucis sont derrière vous.
- Votre foyer est rempli d'amour, vous vivez des instants de bonheur familial.
- Vous vivez enfin une relation qui vous procure de la joie.
- Vous trouvez la paix intérieure et vivez enfin en harmonie avec vous-même.
- Un accord parfait règne dans vos relations ainsi que dans votre foyer.
- Vous êtes bien entouré·e, votre famille de sang et de cœur est toujours présente pour vous.

Inversé ou en blocage

- Difficulté à vivre en harmonie ensemble.
- Des désaccords provoquent un déséquilibre dans la relation, dans la famille.
- Vous pouvez vous exclure d'un groupe ou bien vous sentir mis·e de côté.
- La relation est compromise, car vous ne partagez pas les mêmes valeurs.

PAGE DE COUPES

AFFIRMATION

Je suis à l'écoute de mes émotions et de ma créativité. Je les exprime, quel qu'en soit le moyen ou le support.

EN BREF

Général : Message – Possibilités – Romantisme – Créativité – Sensibilité – Début d'un projet.
Inversé : Excès de romantisme qui empêche de voir la réalité – Confusion – Difficulté à écouter son intuition.

PRÉSENTATION DE L'ARCANE

Le page de coupes représente une personne qui découvre ses émotions, les écoute et qui sait les prendre en compte. Ses énergies juvéniles l'invitent à les exprimer librement. La créativité est également de la partie, car il y a une imagination débordante qui insuffle de nouvelles idées pour sa relation à soi ou aux autres.

Dans son aspect relationnel, il s'agit d'une personne sensible qui est connectée à ses émotions et qui est prête à les dévoiler, quelle qu'en soit la manière. Il peut être question de prendre conscience des sentiments éprouvés envers une personne ou bien de la volonté de s'ouvrir à une nouvelle rencontre romantique. Avec le page de coupes, il faut s'attendre à des messages attendrissants qui toucheront en plein cœur.

Dans son aspect inversé, les émotions sont réprimées au point d'être négligées. À l'opposé, à trop baigner dans le romantisme, il est possible de se déconnecter de la réalité. Il est également possible d'être coupé·e de son intuition, et, par conséquent, de ne pas savoir interpréter ses ressentis envers une personne ou une situation.

GUIDANCE

Vos émotions et votre intuition vous insufflent de nouvelles inspirations. Écoutez-les attentivement, car elles vous permettront d'exprimer tout ce qui sommeille en vous. Il s'agit d'une belle manière de faire découvrir votre univers et vos émotions. Laissez de la place au créatif qui est en vous ; votre sensibilité sera votre alliée en toutes circonstances.

INTERPRÉTATION

En relation & Célibataire

- Des échanges empreints de romantisme.
- Partage des sentiments, découverte de l'autre.
- Un nouveau prétendant se manifeste.
- Des envies créatives envahissent votre esprit. Il est conseillé de les écouter et de les mettre en route.

Inversé ou en blocage

- Confusion dans les émotions.
- Votre sensibilité vous coupe de la réalité.
- Vous êtes coupé·e de vos ressentis et vous n'êtes plus sûr·e de vous.

CAVALIER DE COUPES

AFFIRMATION

Je suis dans des énergies d'amour, j'écoute ce que mon cœur veut me dire.

EN BREF

Général : Suivre son cœur – Messager amoureux – Idéalisme – Romantisme – Déclaration.
Inversé : Manque de clarté dans les sentiments – Pas d'action en lien avec les émotions – Lunatique.

PRÉSENTATION DE L'ARCANE

Le cavalier de coupes représente l'amoureux qui est prêt à déclarer sa flamme. Il est sûr de ses sentiments et souhaite les dévoiler. Avec lui, il faut s'attendre à des échanges de messages empreints de romantisme et aussi à un désir d'idylle.

Dans son aspect relationnel, il annonce ainsi le début d'une relation ou bien la réception d'un message espéré de l'être aimé. Vous pouvez également incarner cette personne désireuse de partager ses sentiments. Il est conseillé de suivre les élans de son cœur.

Dans son aspect inversé, les sentiments sont mis de côté au point de s'en déconnecter et de ne pas vouloir les déclarer. Par conséquent, une distance peut s'installer, ainsi qu'un silence qui peut être difficile à vivre. Les échanges amoureux ne sont pas à l'ordre du jour, ou alors ils ne sont pas de qualité ni durables. L'un des deux partenaires ressent comme un blocage émotionnel.

GUIDANCE

La connexion à vos sentiments est importante en ce moment. Écoutez ce que votre cœur a à vous dire. Accueillez ses messages avec beaucoup d'amour et de bienveillance. Ils sont importants afin d'être parfaitement aligné·e avec vos émotions et naviguer dans un climat propice à l'amour.

INTERPRÉTATION

En relation & Célibataire

- Réception de messages amoureux, d'une déclaration enflammée.
- Vous suivez l'élan de votre cœur.
- Échange de messages avec une personne qui vous intéresse.
- Connexion avec une nouvelle personne.
- Vous agissez en étant en accord avec vos convictions et vos sentiments.

Inversé ou en blocage

- Vous n'écoutez pas vos sentiments et préférez ne pas leur donner de l'importance.
- Vous vous refusez à une nouvelle relation.
- Vous choisissez de vous murer dans le silence.
- Blocage au niveau des émotions. Il est bon de comprendre d'où cela vient.

REINE DE COUPES

AFFIRMATION

Je prends conscience de mes émotions. J'en fais une force afin d'être plus à l'écoute de mon environnement et de mon entourage.

EN BREF

Général : Intuition – Compassion – Sensibilité – Maternel·le – Empathie – Amour inconditionnel.
Inversé : Dépendance émotionnelle – Échec à trouver le bonheur – Négligence – Instabilité émotionnelle.

PRÉSENTATION DE L'ARCANE

La reine de coupes représente une femme sensible, à l'écoute de ses émotions mais également des personnes qui l'entourent. Elle peut aussi représenter une mère dévouée.

Dans son aspect relationnel, c'est la personne qui veille au bien-être des personnes qu'elle aime. Empreinte de compassion et de bienveillance, elle sait instaurer un climat de confiance et de bien-être. Ses émotions peuvent être une force qu'il est bon de savoir doser, car elle peut facilement se sentir submergée. C'est aussi une personne reliée à son intuition. Elle indique qu'en lui laissant de la place, elle peut faire en sorte de créer une atmosphère imprégnée d'amour dans son foyer et dans ses relations.

Dans son aspect inversé, il peut être difficile d'écouter ses émotions et, par conséquent, de prendre conscience de ses besoins, même les plus primaires. Attention à ne pas se négliger, et à négliger son entourage par la même occasion.

GUIDANCE

Vous êtes une personne sensible et intuitive qui sait ce qui est nécessaire pour maintenir une harmonie dans sa vie mais aussi dans ses relations. Votre sensibilité est une force qui aide votre entourage à se sentir écouté et considéré. N'oubliez pas de prendre en compte vos besoins et à les faire passer en priorité.

INTERPRÉTATION

En relation & Célibataire

- Vous êtes sensible aux besoins de votre partenaire, ou inversement. Une harmonie règne dans votre relation.
- Votre sensibilité est votre meilleure alliée afin de veiller au bien-être de tous.
- Vous faites preuve de compassion et d'empathie envers votre entourage. Vous êtes la personne vers qui se tourner.
- Apportez-vous tout l'amour dont vous avez besoin. Soyez votre meilleure mère.
- Écoutez vos émotions : elles vous guideront vers votre bien-être.
- Vous êtes présent·e pour les personnes de votre entourage, et c'est ce qui vous importe.

Inversé ou en blocage

- Veillez à ne pas vous négliger. Vous pensez bien agir en priorisant les autres.
- Vous n'arrivez pas à trouver le bonheur dans la situation que vous vivez. Essayer d'écouter vos ressentis pour y remédier.
- Vous êtes coupé·e de votre intuition et de vos émotions. Vous avez du mal à trouver un équilibre intérieur et dans vos relations avec les autres.

ROI DE COUPES

AFFIRMATION

Je fais preuve de sagesse et d'empathie en étant attentif·ve aux autres et à leurs besoins.

EN BREF

Général : Calme – Empathie – Stabilité – Compatissant·e – Tolérance – Générosité.
Inversé : Personne aux sentiments confus – S'échapper – Comportement autodestructeur – Vulnérabilité émotionnelle.

PRÉSENTATION DE L'ARCANE

Le roi de coupes représente le patriarche, celui qui veille au bien-être de sa famille et des personnes qui l'entourent. Son calme et sa maîtrise de soi en font un pilier sans faille.

Dans son aspect relationnel, il sait se montrer très compréhensif, c'est quelqu'un de sensible et d'empathique. Avec lui, vous pouvez être assuré·e d'avoir une oreille attentive qui saura prendre en compte toutes vos demandes. C'est le/la partenaire qui se montrera attentionné·e et soucieux·se des besoins de l'autre.

Dans son aspect inversé, il représente une personne détachée de ses émotions et du bien-être de son entourage. Quelque chose l'empêche d'y être attentif. De plus, il est possible que les émotions prennent le dessus au point de le faire douter ou bien de le mener vers des comportements addictifs, afin de supporter une situation difficile, par exemple.

GUIDANCE

Vous montrez votre amour aux personnes qui comptent pour vous par le biais d'une attention et d'une présence sans faille. Vous savez ce dont elles ont besoin, et c'est ce qui prime pour vous. En revanche, veillez à ne pas vous oublier dans l'équation et à ne pas vous déconnecter de vos besoins.

INTERPRÉTATION

En relation & Célibataire

- Vous faites en sorte que votre partenaire ne manque de rien et vous lui assurez un confort de vie.
- Votre partenaire place vos besoins en priorité.
- Vous rencontrez une personne qui sera à l'écoute de vos besoins et de votre bien-être.
- Vous faites en sorte de vous assurer une stabilité émotionnelle en prenant soin de vous.
- Vous êtes la personne qui saura combler vos besoins, ne comptez sur personne d'autre.

Inversé ou en blocage

- Attention à ne pas se laisser submerger par les émotions face à une situation qui peut déstabiliser.
- Une personne ne sait pas gérer ses émotions et a un comportement autodestructeur envers elle-même.
- Vous n'écoutez pas vos émotions et préférez fuir.

SUITE DE DENIERS

AS DE DENIERS

AFFIRMATION

Je m'ouvre à des énergies d'abondance et de prospérité. Je saisis les nouvelles opportunités que m'offre la vie.

EN BREF

Général : Nouvelles opportunités – Abondance – Début d'un cycle prospère – Chance – Bonheur.
Inversé : Mauvais départ – Changements à venir – Avidité – Perte.

PRÉSENTATION DE L'ARCANE

L'as de deniers annonce l'arrivée d'une période sous le signe de l'abondance et de la chance. Une bonne nouvelle va se présenter, ainsi que des occasions à ne pas rater. Une récompense, ou bien un cadeau, comme une augmentation ou un gain d'argent, va être reçue suite au travail mené jusqu'à présent. Cette carte insuffle un vent nouveau avec une sécurité, un ancrage qui va permettre de s'engager concrètement dans un cycle personnel ou bien de relation.

Dans son aspect relationnel, il peut s'agir d'une nouvelle rencontre, d'un nouveau projet à deux ou en solo dans lequel se lancer, qui va permettre d'instaurer une tranquillité au sein du foyer. Il est question de recevoir l'abondance de différentes manières. Le tout est de savoir saisir cette opportunité.

Dans son aspect inversé, l'as de deniers évoque l'avidité, des contretemps dans ce que vous désirez entreprendre. Il faut veiller à ne pas être trop attaché·e à un résultat, ce qui peut avoir pour conséquence de délaisser le reste.

GUIDANCE

Vous entrez dans une période de chance, propice aux belles surprises de la vie. Vous allez enfin ressentir la sécurité et la stabilité tant espérées. De nouveaux éléments vont vous permettre de concrétiser un projet et de fixer de nouveaux objectifs à réaliser.

INTERPRÉTATION

En relation & Célibataire

- Début d'une relation constructive.
- Avancement dans la relation avec des projets en commun.
- Achat en commun : un bien immobilier, par exemple.
- Nouvelles opportunités de rencontres.
- Nouveau projet de vie.
- Investir sur soi, par le biais de formation, en adoptant de nouvelles habitudes, par exemple.

Inversé ou en blocage

- Attention à ne pas désirer quelque chose ou quelqu'un pour de mauvaises raisons.
- Le choix de l'aspect matériel, du confort est fait au détriment des vrais besoins.
- Perte d'argent.

DEUX DE DENIERS

AFFIRMATION

Je m'adapte et trouve des solutions face aux situations que je rencontre.

EN BREF

Général : Savoir jongler entre différentes options – Trouver un équilibre – Réconciliation – Flexibilité.
Inversé : Difficulté à trouver un équilibre dans un domaine – Négligence – Indécision.

PRÉSENTATION DE L'ARCANE

Le deux de deniers est une carte qui invite à jongler entre différents éléments afin de trouver un équilibre ou un terrain d'entente dans une situation donnée. Il est question de s'adapter à des événements ou bien à une personne et de jauger les différentes possibilités qui se présentent à soi. L'idée est que chaque partie y trouve son compte, même si l'exercice semble difficile. Ainsi, la situation est gérée sur un pied d'égalité entre les deux parties.

Dans son aspect relationnel, cela équivaut à peser le pour et le contre afin de trouver une solution pérenne, d'adopter une attitude qui permet de trouver un juste équilibre dans la relation ou bien de gérer au mieux une situation sans pour autant s'oublier. Il est impératif de trouver un compromis qui satisfasse les deux parties. D'un point de vue personnel, il s'agit de trouver une stabilité intérieure qui se retrouvera dans la vie professionnelle ou encore sociale, par exemple.

Dans son aspect inversé, le deux de deniers évoque l'indécision, le fait de ne pas savoir gérer une situation et de se sentir déstabilisé·e. Attention à ne pas se perdre en voulant gérer plusieurs choses en même temps.

GUIDANCE

Une situation ou une personne vous demande de faire preuve de flexibilité. Il est important que vous trouviez la bonne posture ou vision afin d'y faire face en toute sérénité. Vous renouerez ainsi avec un apaisement intérieur qui se manifestera par un retour à l'équilibre dans votre vie. Prenez cette expérience comme un jeu, cela vous aidera à la vivre au mieux.

INTERPRÉTATION

En relation & Célibataire

- Une réconciliation ou un compromis est trouvé.
- S'adapter aux besoins du/de la partenaire.
- Trouver un terrain d'entente.
- Savoir s'adapter aux situations rencontrées.
- Retrouver un équilibre intérieur.
- Comprendre le changement en cours en soi ou dans la relation et s'y adapter.

Inversé ou en blocage

- Difficulté à faire face aux événements et à trouver un équilibre. Absence de prise de décision, procrastination.
- Difficultés financières.

TROIS DE DENIERS

AFFIRMATION

Je me lance dans un nouveau projet sur du long terme. Je m'entoure des bonnes personnes afin de le concrétiser.

EN BREF

Général : Soutien – Travail d'équipe – Planification – Grande considération – Faire ses preuves – Conscience de son potentiel.
Inversé : Paresse – Peur d'agir – Cause perdue.

PRÉSENTATION DE L'ARCANE

Le trois de deniers est la carte qui représente la coopération, le travail en équipe et le fait de savoir s'entourer de personnes compétentes ou complémentaires. Il s'agit également de s'élever ensemble dans un même but. Les compétences et les qualités de chacun sont reconnues.

Dans son aspect relationnel, le trois de deniers peut être perçu comme le fait d'œuvrer ensemble pour bâtir une relation constructive avec une même vision partagée. Au sens plus large, il évoque le fait de s'accomplir au sein d'un groupe dans lequel nous nous sentons reconnus à notre juste valeur. Quelle que soit la situation vécue, cette carte met en avant le travail ou la collaboration avec un objectif commun.

Dans son aspect inversé, il met en lumière que l'un·e des partenaires n'est pas prêt·e à s'investir totalement, l'inaction est préférée. Cela peut signifier aussi que l'on pense bien connaître son entourage mais qu'il manque certains éléments.

GUIDANCE

Vous souhaitez avancer dans un domaine précis mais vous avez la sensation qu'il vous manque des éléments ou bien des compétences. Vous êtes invité·e à vous ouvrir à des personnes pouvant vous apporter leur soutien et leur savoir en vue d'œuvrer ensemble dans un but commun. Cette expérience vous apportera une vision plus grande et un accomplissement personnel qui vous permettra de vous découvrir mais aussi d'être entouré·e de personnes qui partagent votre nouvelle manière d'aborder la vie.

INTERPRÉTATION

En relation & Célibataire

- Relation constructive, bonne cohésion, chacun apporte sa pierre à l'édifice.
- Conscience de la valeur du/de la partenaire.
- Préparation d'un projet en commun avec les compétences de chacun·e.
- S'entourer de personnes complémentaires, avec qui il y a une bonne entente.
- S'investir dans un projet en groupe.
- Prendre conscience de son potentiel et le mettre à profit.

Inversé ou en blocage

- Relation instable ou vouée à l'échec. Il vous manque des informations.
- Problèmes de communication. Il peut y avoir des malentendus ou des incompréhensions.
- Choix de rester inactif·ve au détriment de la relation.
- Perte d'envie de s'investir dans une relation.

QUATRE DE DENIERS

AFFIRMATION

Je me libère de toute dépendance matérielle pour m'ouvrir au champ des possibles.

EN BREF

Général : Sécurité – Stabilité – Planification – Refus de changer d'avis – Rigidité – Avarice.
Inversé : Possessivité – Emprise – Avarice – Contrôle de l'autre par l'argent – Stagnation.

PRÉSENTATION DE L'ARCANE

Le quatre de deniers est une carte qui fait référence à la quête de stabilité et de sécurité financière et/ou affective. Il indique qu'il y a un fort potentiel pour y arriver, mais il faut veiller à ne pas tomber dans la rigidité, tant le besoin de tout garder pour soi et contrôler peut dominer. De plus, cette carte évoque le côté économe d'un·e des deux partenaires. Cela ne pose pas de problème tant que l'on ne tombe pas dans l'extrême en voulant maîtriser toutes les dépenses du foyer mais aussi en se coupant de ses sentiments, par exemple.

Dans son aspect relationnel, le matériel est très important. Cela peut signifier qu'une personne tient à son confort plus que tout, qu'elle aime contrôler la situation, et donc les finances du couple.

Il est également question de la volonté de maintenir une situation que l'on connaît bien, car cela rassure. Il est possible de rester sur ses positions et de ne pas vouloir s'ouvrir à autre chose par crainte de perdre ce qui est déjà acquis. La communication peut être compliquée, car une personne se montre têtue et ne désire pas changer de point de vue. Le quatre de deniers évoque malgré tout la volonté de structurer sa vie ou encore sa relation afin d'atteindre une stabilité tant désirée.

Dans son aspect inversé, cette quête de sécurité peut pousser à vouloir tout contrôler, les finances du foyer et le/la partenaire, mais de manière extrême. Cela peut instaurer une ambiance trop rigide voire une emprise trop forte. Mais il y a également la possibilité d'agir à l'inverse, au point d'assumer un total lâcher-prise, en adoptant un certain laisser-aller dans la dépense ou encore le fait de ne pas s'investir dans la relation.

GUIDANCE

Vous êtes invité·e à mettre de la douceur dans votre quotidien en cessant de vouloir tout contrôler. Même si cela vous rassure, vous vous empêchez de vous laisser surprendre. De plus, il est important de se défaire de tout attachement matériel et financier qui vous empêche d'envisager différentes options. Cela peut être un bon moyen de vous reconnecter à ce qui est réellement essentiel dans votre vie.

INTERPRÉTATION

En relation & Célibataire

- Stabilité dans la relation, fondations solides.
- Un des partenaires a du mal à s'investir dans la relation mais également sur l'aspect financier.
- Un/Une des partenaires ne montre pas ses sentiments, il/elle est dans le contrôle.
- Faire preuve d'exigence envers soi au point d'être un peu dur·e.
- Besoin de sécurité, d'être rassuré·e et, par conséquent, se protéger de tout.
- Vouloir se protéger de toute déception au point de rencontrer des difficultés à faire face à toute nouvelle situation ou rencontre.

Inversé ou en blocage

- Être face à une personne qui veut contrôler la situation et qui ne veut pas entendre la vision de l'autre.
- Possessivité dans le couple pouvant mener à une relation basée sur de mauvaises fondations.
- Total lâcher-prise au point d'abandonner tout désir ou volonté de maintenir la relation.

CINQ DE DENIERS

AFFIRMATION

Je me libère de la peur du manque en prenant conscience que j'ai déjà en ma possession tout ce dont j'ai besoin pour mon bien-être.

EN BREF

Général : Perte – Blessure émotionnelle – Négliger ses besoins – Sentiment de manque.
Inversé : Période difficile – Victimisation – Sentiment de solitude ou d'exclusion – Confusion financière et affective.

PRÉSENTATION DE L'ARCANE

Le cinq de deniers fait très souvent référence à la perte et à la sensation de manque. Il peut s'agir d'un manque financier, affectif ou bien d'un sentiment d'insatisfaction générale. Suivant les cas, cela peut être lié à une perte d'argent. Sur le plan émotionnel, c'est le sentiment de peur du manque qui domine mais aussi les blessures qui en découlent.

Dans son aspect relationnel, cette carte vient mettre en avant la peur de l'abandon et du rejet, qui empêche de voir la réalité telle qu'elle est réellement. Ce mode de pensée a tendance à pousser à l'isolement. Il peut s'agir également de difficultés vécues dans une relation existante ou bien passée, qui fait remonter certaines blessures.

Dans son aspect inversé, cette carte insiste sur le sentiment d'exclusion et de victimisation, ce qui entraîne une période compliquée à gérer, car difficile à surmonter. Elle peut également indiquer que la peur de la perte et celle du manque ont été dépassées et qu'un processus de guérison est en cours. Tout dépend de comment est abordée la situation mais aussi de l'état d'esprit de la personne.

GUIDANCE

Si vous rencontrez une situation difficile, dites-vous qu'elle vient mettre en lumière un aspect de votre vie qu'il est bon d'envisager sous un autre angle. Elle se manifeste pour vous aider à vous détacher de toute forme de peur et à observer les richesses qui vous entourent actuellement. Vous saurez dépasser ces craintes afin de trouver des solutions et une nouvelle manière d'aborder la vie.

INTERPRÉTATION

En relation & Célibataire

- Insatisfaction dans la relation, sentiment de solitude.
- Période de conflit. Une réconciliation est possible si vous exprimez vos besoins et ce qui ne vous convient pas.
- Le sentiment de peur (de manque, de rejet...) domine et provoque une situation conflictuelle.
- Blessure encore présente en soi qui empêche de voir le positif dans sa vie.
- Sentiment de manque. Veillez à ne pas vous négliger.
- Ne plus savoir ce que l'on désire réellement.

Inversé ou en blocage

- Période compliquée qui entraîne un isolement et qui peut déstabiliser.
- Ne voir que l'aspect négatif dans sa vie et s'y complaire.
- Des solutions sont trouvées et permettent de sortir de cette période de trouble.

SIX DE DENIERS

AFFIRMATION

Je suis dans des énergies de partage, je donne sans rien attendre en retour.

EN BREF

Général : Donner – Recevoir – Équilibre – Justice – Générosité – Cadeaux.
Inversé : Refuser de l'aide – Orgueil – Occasions perdues – Manque d'ambition.

PRÉSENTATION DE L'ARCANE

Le six de deniers est la carte du partage sans contrepartie par excellence. Il vient interroger la notion de don juste et invite à s'offrir la possibilité de recevoir, mais pas forcément de la même manière. C'est ce qui fait la beauté de cette carte qui évoque le fait que tout ce que l'on donne nous revient toujours, d'une manière ou d'une autre. D'où l'importance de l'intention que l'on y met. Cette carte est très souvent illustrée avec le symbole de la balance qui fait penser à la carte de La Justice, ce qui fait référence à la justesse de l'acte mais également à l'équilibre qui en découle.

Dans son aspect relationnel, cette carte vient faire référence aux moments de partage, à la volonté de donner tout simplement, parce que l'on en ressent l'envie et sans espérer quoi que ce soit en retour. Elle fait aussi référence aux cadeaux et surprises que la vie envoie afin de récompenser les bonnes actions. De manière générale, une relation équilibrée est présente ou bien va se manifester

Dans son aspect inversé, il va être question de refuser de l'aide, de ne pas saisir certaines opportunités, par orgueil ou par manque d'ambition. De ce fait, un déséquilibre se crée dans sa vie mais également dans ses relations.

GUIDANCE

Un élan de générosité vous envahit et vous donne l'occasion d'offrir des cadeaux à ceux qui en ont besoin. Il peut s'agir d'une main tendue, d'un sourire ou bien d'une présence. Vous savez ce qui est juste et bon, pour vous et pour les autres. Vous diffusez ainsi des énergies de bonheur qui vous reviendront à coup sûr, sous une autre forme. Restez ouvert·e à la magie de la vie.

INTERPRÉTATION

En relation & Célibataire

- La relation est basée sur un juste équilibre. Chacun·e reçoit à hauteur de ce qu'il/elle donne à l'autre.
- Vous ou votre partenaire êtes généreux·se en amour. Vous veillez au bonheur et au bien-être de l'autre.
- Il est bon de s'interroger sur l'envie de partage entre les deux partenaires. Avez-vous la même vision ?
- Vous allez être récompensé·e pour toutes vos bonnes actions.
- Vous allez aider une personne de votre entourage, ou bien c'est vous qui allez recevoir une aide bienfaisante.
- Vous avez tendance à beaucoup donner à l'autre. Et si vous le laissiez agir pour une fois ?

Inversé ou en blocage

- Vous refusez l'aide de votre partenaire ou de quelqu'un de votre entourage et préférez vous débrouiller seul·e, quitte à rencontrer des difficultés.
- Vous vous sentez lésé·e dans une situation, le retour n'est pas à la hauteur de vos attentes.
- Relation déséquilibrée. Un des deux partenaires s'investit plus que l'autre.

SEPT DE DENIERS

AFFIRMATION

Je prends le temps de faire le bilan de ce que j'ai accompli jusqu'à maintenant. Je m'en félicite.

EN BREF

Général : Patience – Évaluation – S'assurer de viser l'objectif – Vérifier son avancée – Évaluer sa position.
Inversé : Insatisfaction – Épuisement – Impatience – Mélancolie – Inquiétude – Crainte – Remords.

PRÉSENTATION DE L'ARCANE

Le sept de deniers est la carte qui représente la patience. En effet, elle invite à prendre son temps et à évaluer la situation, notamment par rapport à l'investissement ou l'expérience vécue jusqu'à présent. Elle permet de faire un point d'étape constructif qui donnera l'occasion de continuer son chemin ou la relation de manière plus concrète et avec la volonté de la faire évoluer positivement.

Dans son aspect relationnel, cette carte évoque le fait de prendre le temps de réfléchir sur le couple, le désir et la manière de le faire avancer. Pour les personnes pleines de fougue, il va falloir faire preuve de patience lorsque cette carte sort dans un tirage. Un des deux partenaires a besoin d'un temps de réflexion et il est recommandé de le lui accorder. De manière générale, il est conseillé de prendre le temps d'observer, d'analyser la situation ou la relation avant de se lancer dans quoi que ce soit.

Dans son aspect inversé, cette carte va mettre en avant la difficulté à patienter, à accepter que chacun ait un rythme différent et qu'il est bon de s'en accommoder. Attention donc aux frustrations, aux malentendus et, par conséquent, à la passivité qui peut s'installer dans la relation.

GUIDANCE

Vous êtes invité·e à prendre le temps d'observer toutes les expériences passées qui vous ont amené·e là où vous en êtes aujourd'hui. Chacune a son importance et son message. Les comprendre vous aidera à revoir ce qui a besoin d'être rectifié dans vos habitudes, dans le but de vous élever et d'avancer vers les relations, ou les situations, plus enrichissantes pour vous. C'est un temps de repos et de réflexion qui vous sera salutaire à bien des niveaux.

INTERPRÉTATION

En relation & Célibataire

- Besoin de prendre le temps, de ne rien précipiter dans la relation.
- Un bilan, une réflexion sur le couple est nécessaire afin de rectifier ce qui a besoin de l'être et faire perdurer la relation.
- L'un·e des deux partenaires a besoin de faire le point par rapport à ses expériences passées, ou bien pour réfléchir à la manière dont il/elle envisage le couple.
- Prenez le temps de réfléchir au modèle de couple que vous souhaitez.
- Il vous est conseillé de vous accorder des moments de repos, de bien-être afin de vous ressourcer.

Inversé ou en blocage

- Vous en avez assez d'attendre, les choses vont trop lentement à votre goût.
- Vous ressentez de la tristesse par rapport à votre situation actuelle. Constat décevant en ce qui concerne vos relations passées ou actuelles. L'impatience et la frustration peuvent se manifester.
- Pause ou attente imposée par une personne ou des événements. Il est conseillé d'essayer d'en tirer partie.

HUIT DE DENIERS

AFFIRMATION

Je fais preuve de discipline et de persévérance, quel que soit le domaine. Je m'engage dans un nouvel apprentissage.

EN BREF

Général : Progrès régulier – Apprentissage – Concentration sur chaque étape – Persévérance donnant des résultats.
Inversé : Manque d'envie de fournir des efforts – Besogne – Situation répétitive ou ennuyeuse.

PRÉSENTATION DE L'ARCANE

Le huit de deniers est la carte qui fait référence au travail minutieux, à la persévérance, à l'envie et au besoin d'apprendre de nouvelles compétences ou bien d'approfondir celles déjà acquises.

Dans son aspect relationnel, il vient appuyer l'envie et le besoin d'en découvrir davantage sur la personne qui attire notre attention. Il va être question d'apprendre à mieux la connaître, mais également de comprendre s'il est possible d'avancer ensemble, avec l'envie commune de construire une relation solide pouvant faire face à toute épreuve. Pour illustrer cela, il est bon de l'envisager comme un mode d'emploi pour construire un meuble ou une procédure de travail, qu'il est très utile d'étudier afin d'en comprendre le mode de fonctionnement.

Dans son aspect inversé, le huit de deniers met en lumière le manque d'envie de fournir des efforts dans l'établissement de la relation. On peut se retrouver dans une situation ennuyeuse qui s'enlise.

GUIDANCE

Le moment est venu de vous plonger dans une nouvelle discipline, un nouveau domaine qui vous permettra de développer ou d'approfondir une nouvelle facette de votre personnalité. Écoutez cette petite voix qui vous pousse dans une direction, vers un sujet de réflexion ou une activité que vous n'avez pas encore explorée.

INTERPRÉTATION

En relation & Célibataire

- Le besoin d'en apprendre plus sur l'autre est présent. Cela pourra vous aider à mieux vous comprendre.
- Vous sentez que cette relation vaut le coup de se donner la peine d'être vécue. Continuez malgré les ajustements à faire.
- Il est conseillé de fournir des efforts pour voir la relation évoluer de manière stable et constructive.
- Investissez sur vous dans le but de vous découvrir et vous épanouir.
- Une nouvelle rencontre mérite d'être approfondie. Ne restez pas sur vos idées reçues.
- Rencontre possible dans le milieu professionnel.

Inversé ou en blocage

- Manque d'investissement dans la relation ou bien dans ce que vous entreprenez.
- Quelque chose ne fonctionne pas comme vous le désirez. Il est bon de revoir le mode de fonctionnement de la relation ou bien d'accepter que cela ne puisse pas continuer de cette manière-là.
- Vous manquez totalement d'envie de fournir le moindre effort actuellement.

NEUF DE DENIERS

AFFIRMATION

Je profite pleinement du fruit de mon travail. Je m'imprègne de ces énergies d'abondance.

EN BREF

Général : Abondance – Plaisirs – Profiter des récompenses de la vie – Réussite personnelle – Accomplissement.
Inversé : Oubli des priorités – Manque de discipline – Abandon des objectifs – Insatisfaction.

PRÉSENTATION DE L'ARCANE

Le neuf de deniers est une carte qui annonce les récompenses tant attendues. L'heure est à la récolte des fruits du travail fourni et au fait d'en savourer pleinement chaque instant. C'est une carte d'abondance financière, certes, mais également d'abondance au sens large du terme.

Dans son aspect relationnel, le neuf de deniers évoque un aboutissement positif dans une relation. On profite pleinement d'être ensemble, de passer des moments enrichissants qui sont synonymes de récompense après tous les efforts fournis ou bien suite aux relations passées.

Pour les célibataires, il est question de profiter pleinement de la situation actuelle, d'envisager l'indépendance comme une richesse. Cela sera une force pour les futures relations (amicales ou sentimentales). Quelle que soit la situation, cette carte évoque le confort matériel, la concrétisation d'un projet, sous forme de récompense, qui apporte un bien-être.

Dans son aspect inversé, attention à ne pas oublier ses priorités et à vivre au-dessus de ses moyens ou bien à agir d'une manière qui n'est pas en cohérence avec soi.

Il est possible d'avoir la sensation qu'il manque quelque chose et que les objectifs fixés ne sont pas atteints, alors que ce n'est pas le cas.

GUIDANCE

Les efforts que vous avez fournis jusqu'à présent ne sont pas vains, car vous êtes enfin récompensé·e de la plus belle des manières. Vos actions rencontrent le succès tant attendu et vous permettent de gagner en indépendance en récoltant le fruit de votre travail.

INTERPRÉTATION

En relation & Célibataire

- Tous les efforts fournis jusqu'à présent s'avèrent payants. Votre relation a pris un nouveau tournant. Profitez pleinement de chaque instant, vous le méritez.
- Un projet en commun se concrétise. Cela va apporter une nouvelle dynamique dans votre couple.
- Vous êtes bien ensemble et c'est ce qui compte, après tout. Vous êtes comblé·e.
- Savourez chaque instant avec vous-même. Vous êtes votre meilleur·e ami·e.
- Tout ce que vous avez vécu jusqu'à présent vous a mené·e ici. Vous recevez de nouvelles richesses qui vous apportent du bonheur.
- Vous êtes heureux·se d'être là où vous en êtes actuellement. Profitez !

Inversé ou en blocage

- Succès en demi-teinte, car vous n'avez pas exactement ce que vous désirez.
- Dépendance financière ou bien envers quelqu'un.
- Vous avez oublié vos objectifs en cours de route, votre situation ne vous convient pas.

DIX DE DENIERS

AFFIRMATION

J'entre dans un cycle d'abondance. Je concrétise mes projets avec succès.

EN BREF

Général : Sécurité financière et matérielle – Bénédictions – Fondation – Profiter d'une vie familiale heureuse.
Inversé : Imprudence – Querelles – Problèmes financiers – Incertitudes – Pertes.

PRÉSENTATION DE L'ARCANE

Le dix de deniers représente la famille de sang et de cœur. Elle confirme des liens forts entre des personnes, mais aussi une sécurité financière et matérielle. Tout est fait pour que le foyer ne manque de rien afin de profiter pleinement de la vie.

Dans son aspect relationnel, cette carte confirme la volonté de construire un foyer à deux. Il peut s'agir d'un achat immobilier, de la confirmation de la vie à deux ou bien d'un réel engagement. S'il y avait un conflit, une réconciliation va avoir lieu. Pour les célibataires, il va être question de maintenir une sécurité financière et matérielle, pour assurer son indépendance. Dans un tirage, cette carte annonce un certain bien-être ainsi que des moments de bonheur pour le foyer. Elle peut également annoncer un héritage ou bien quelque chose en lien avec sa famile, sa communauté.

Dans son aspect inversé, il va être question de querelles en lien avec l'argent, de perdre une situation à laquelle on tenait, voire d'agir avec imprudence. L'aspect financier peut prendre le dessus sur ses relations ou bien ses priorités.

GUIDANCE

Vous y êtes ! Vous vivez pleinement la vie à laquelle vous aspiriez. Cela peut être grâce à un nouvel emploi qui va vous permettre un certain confort matériel et une forme d'indépendance ou bien à la confirmation d'une union avec la garantie d'un réel engagement. Vous êtes inondé·e de bonheur.

INTERPRÉTATION

En relation & Célibataire

- Confirmation d'un engagement. Projet de vie à deux, de mariage ou pacs.
- Se créer un foyer et s'assurer qu'il ne manque de rien.
- Profiter pleinement de la vie à deux et penser à créer une famille ou bien mettre en route un projet familial.
- Vous privilégiez des moments avec votre famille de sang et de cœur.
- Annonce d'un gain d'argent qui va vous permettre de vous assurer une stabilité.
- Vous vous êtes créé une vie stable et riche dans plusieurs domaines.

Inversé ou en blocage

- Querelles familiales pouvant altérer votre équilibre intérieur ou financier.
- Un projet tombe à l'eau, ce qui déstabilise la relation, le foyer.
- L'aspect financier prend trop d'importance dans la relation.

PAGE DE DENIERS

AFFIRMATION

Je prends conscience de mon potentiel. Je me concentre sur un nouvel objectif et je lui donne une impulsion.

EN BREF

Général : Message – Désir – Communication – Réalisme – Proposition – S'intéresser – Émerveillement.
Inversé : Attention à la paresse – Pas de message – Lenteur à se mettre au travail.

PRÉSENTATION DE L'ARCANE

Le page de deniers est porteur d'une nouvelle qui fait référence à l'aspect matériel du foyer mais aussi à une information concrète, telle qu'une proposition, par exemple. Avec lui, nous avons la fougue de la jeunesse et la réelle intention de nous lancer dans quelque chose de vrai et d'authentique. Fini de réfléchir, il est temps d'agir. Il vient manifester une nouvelle opportunité mais apporte aussi du réalisme dans ce qui est envisagé. La communication sera constructive avec l'intention d'avancer et d'apporter un élan positif.

Dans son aspect relationnel, une occasion ou une personne viendra apporter du concret à la relation. Il peut être également question d'une rencontre réelle, si la connexion s'est faite sur une application de rencontre, par exemple. Le page de deniers a la curiosité d'en apprendre davantage mais aussi le souhait de réussir ce qu'il entreprend. De manière générale, il est porteur d'un message qui pousse à mettre du concret dans sa vie.

Dans son aspect inversé, il sera lent dans la réalisation, la communication sera compliquée, voire inexistante. De plus, l'entrain ne sera pas au rendez-vous.

GUIDANCE

Vous allez ressentir l'envie de vous lancer dans une aventure, quel que soit le domaine, de manière concrète. Si vous hésitiez, la vie vous envoie des messages et des signes vous invitant à agir pour vous. Mettez en place des actions qui ont du sens pour vous. Tous les éléments se mettront en place naturellement, vous entrerez ainsi dans une voie de réalisation.

INTERPRÉTATION

En relation & Célibataire

- Conversation à venir qui va montrer la volonté d'installer la relation dans la durée.
- Proposition pour passer un cap dans la relation.
- Envie d'en apprendre davantage sur l'autre.
- Rencontre avec une personne ayant la volonté d'en savoir plus sur vous.
- Une occasion pleine de promesses va se présenter, à vous de la saisir.

Inversé ou en blocage

- Manque de communication.
- Rien de concret à l'horizon, place au doute.
- Vous éprouvez une impatience qui pousse à agir, mais de la mauvaise façon.

CAVALIER DE DENIERS

AFFIRMATION

Je fais preuve de persévérance et de détermination dans ce que j'entreprends. Je fais tout pour atteindre mes objectifs.

EN BREF

Général : Planification de projets – Conscience de son potentiel – Envie d'avancer ensemble – Message.
Inversé : Trop centré sur le matériel – Manque d'action concrète – Stagnation – Absence de responsabilité.

PRÉSENTATION DE L'ARCANE

Le cavalier de deniers est le messager le plus lent des cavaliers, mais c'est celui qui est porteur de nouvelles réalistes et pouvant s'inscrire dans la durée. Avec lui, cela vaut la peine de faire preuve de patience, car il y a l'assurance de recevoir la nouvelle tant attendue.

Dans son aspect relationnel, il peut s'agir d'une personne qui met du temps à se manifester, mais lorsqu'elle le fait c'est pour proposer quelque chose de vrai et non une relation furtive d'une nuit. Si vous êtes en quête d'un·e partenaire rassurant·e, cette carte confirme que vous l'avez rencontré·e, ou bien que c'est en cours. De plus, comme il s'agit de la famille des deniers, il peut être également question de se lancer dans un nouveau projet de vie qui pourra se concrétiser dans un futur plus ou moins proche.

Dans son aspect inversé, le cavalier de deniers apporte de la lenteur voire de la stagnation dans une relation ou une situation. Il est possible de faire face à une personne qui ne veut pas prendre ses responsabilités ou bien qui n'est pas aussi fiable qu'elle en avait l'air.

GUIDANCE

Vous avancez tranquillement mais sûrement vers le chemin qui vous apportera sécurité et stabilité. Gardez l'œil ouvert, car des opportunités vont se présenter. Concentrez-vous sur les différentes étapes à suivre afin d'atteindre vos objectifs. Chaque détail compte pour garantir le succès de votre opération.

INTERPRÉTATION

En relation & Célibataire

- Planification de projet sur le moyen et le long terme.
- Volonté de vivre une relation constructive et durable.
- Conscience de la valeur de l'autre et volonté d'aller plus loin avec lui/elle.
- Vous avancez doucement mais sûrement vers une route plus stable et sécurisante.
- Rencontre possible avec une personne responsable et ayant envie de construire une relation.
- Pas de précipitation, prenez le temps de préparer les différentes étapes avant de vous lancer dans quoi que ce soit.
- Si vous attendez ou espérez une réponse, elle va arriver, mais il est conseillé de faire preuve de patience. Vous la recevrez au bon moment.

Inversé ou en blocage

- L'aspect matériel prend le dessus par rapport aux émotions. Cela entraîne le risque de prendre des décisions pas en accord avec ses désirs profonds.
- Une personne ne veut pas prendre ses responsabilités et aller plus loin dans la relation.
- Lenteur rencontrée. Si vous attendez une réponse, elle va mettre du temps à vous parvenir.

REINE DE DENIERS

AFFIRMATION

Je veille au bien-être de mon environnement en prenant soin de moi et des personnes qui m'entourent.

EN BREF

Général : Image maternelle – Générosité – Prendre soin des autres et de soi – Fiabilité et loyauté – Sentiment de sécurité.
Inversé : Négligence – Manque de confiance en soi – Pas à l'écoute de ce qui l'entoure.

PRÉSENTATION DE L'ARCANE

La reine de deniers représente une personne dévouée au bien-être des siens et qui s'assure qu'ils ne manquent de rien. En véritable mère, elle veillera à ce que le foyer apporte sécurité et réconfort à sa famille. En parallèle, elle sera présente pour qui a besoin d'aide. Son esprit pratique et pragmatique saura trouver des solutions simples et efficaces. Elle est un véritable pilier pour qui partage sa vie.

Dans son aspect relationnel, elle est la personne sur qui compter lorsque l'on ne va pas bien, ou celle qui apporte la sécurité par sa seule présence. Avec elle, on se sent bien, les besoins sont écoutés et, en cas de problème, elle fera appel à son ingéniosité pour trouver des solutions.

Dans son aspect inversé, il peut s'agir d'une personne moins généreuse sur le plan financier et humain. Elle peut être amenée à se négliger et, par conséquent, à ne pas être à l'écoute de ses besoins ni ceux de son entourage.

GUIDANCE

Vous êtes invité·e à vous apporter tout l'amour dont vous avez besoin. Il ne s'agit pas d'un acte égoïste, bien au contraire. Cela vous aidera à être à l'écoute de vos réels besoins et ainsi à être plus attentif·ve à ceux qui vous entourent. Prendre soin des autres est plus fort que vous, mais afin de le faire de la meilleure des manières, il est important que vous vous apportiez tout le soin et l'attention nécessaires.

INTERPRÉTATION

En relation & Célibataire

- C'est le/la partenaire qui saura montrer son soutien indéfectible.
- Vous êtes en présence d'une personne qui vous veut du bien et qui fera tout pour que vous ne manquiez de rien.
- Mettez-vous en priorité avant toute chose. Vos besoins sont essentiels et méritent d'être entendus.
- Vous êtes l'ami·e, le/la partenaire sur qui l'on peut compter en toutes circonstances.
- Prenez soin de vous.

Inversé ou en blocage

- Vous avez tendance à vous négliger, à penser que vos besoins ne sont pas aussi importants que ceux de votre voisin.
- Le manque de confiance en vous peut vous mener à prendre de mauvaises décisions, d'ordre financier ou autre.

ROI DE DENIERS

AFFIRMATION

J'assure ma sécurité financière et matérielle en faisant preuve de détermination et de responsabilité.

EN BREF

Général : Fiabilité – Responsabilité – Personne d'un grand soutien qui subvient aux besoins des siens – Sécurisant·e.
Inversé : Manque de fiabilité – Manque de sécurité sur le plan financier et personnel – Incapacité à écouter les autres.

PRÉSENTATION DE L'ARCANE

Le roi de deniers est un personnage charismatique, tant par son côté protecteur que par sa volonté de faire fructifier le fruit de son labeur pour apporter confort et sécurité à son foyer. Il est un personnage qui saura se montrer rassurant et responsable. Il apparaît comme quelqu'un de tenace et travailleur pour arriver à ses fins.

Dans son aspect relationnel, c'est le partenaire aimant, rassurant, fiable et loyal. Il fera tout son possible pour apporter la sécurité dont ont besoin les membres de son foyer. C'est très important pour lui. C'est la personne sur qui compter lorsque l'on a besoin de se sentir épaulé·e.

Dans son aspect inversé, il peut se montrer trop sûr de lui et, par conséquent, faire de mauvais choix qui mèneront à sa perte. Il peut être un peu trop obnubilé par ses problèmes, ce qui l'empêche d'observer ce qui se passe autour de lui.

GUIDANCE

Vous êtes la personne rassurante, sécurisante et fiable avec les autres. Et si vous l'étiez avec vous-même ? Cela vous aidera à faire accroître vos ressources, votre confiance en vous et apportera des nouvelles positives sur vos différentes entreprises. Veiller aux besoins des autres, c'est bien, mais prendre en compte les vôtres, c'est mieux.

INTERPRÉTATION

En relation & Célibataire

- Votre partenaire fait tout son possible pour vous apporter une vie sécurisante. C'est son objectif.
- Les ressources du foyer vont fructifier, il faut faire preuve de persévérance. Cessez de travailler, profitez de tout le travail accompli. Vous jouissez d'une belle situation.
- Vous savez mener votre vie professionnelle et personnelle de la meilleure des manières. Vos compétences sont reconnues par votre entourage.
- Rencontre avec une personne responsable, loyale et sécurisante.
- Vous déployez diverses ressources pour vous assurer une sécurité et une stabilité dans votre vie.

Inversé ou en blocage

- Difficultés rencontrées dans la relation. Possibilité de se montrer moins investi·e et moins fiable.
- Ne pas prendre ses responsabilités et faire des choix ayant des conséquences négatives.
- Le/La partenaire se montre moins présent·e et attentif·ve.

SUITE D'ÉPÉES

AS D'ÉPÉES

AFFIRMATION

J'entre dans une nouvelle dynamique, je m'ouvre à une nouvelle forme de communication.

EN BREF

Général : Honnêteté – Communication – Succès – Nouveau commencement.
Inversé : Rupture nette – Esprit critique envers soi et les autres – Manque de clarté – Conflit.

PRÉSENTATION DE L'ARCANE

L'as d'épées évoque un nouvel élan dans la communication. En effet, il vient insuffler de nouvelles idées et une manière différente de les partager. Tout cela aide à redynamiser tout type de situation, le tout avec sincérité et honnêteté dans les intentions. Il vient également apporter de manière objective des solutions et des possibilités, ce qui va permettre de trancher dans le cas où une décision doit être prise.

Dans son aspect relationnel, cette carte permet d'instaurer une nouvelle forme de dialogue en faisant preuve de réalisme et d'authenticité. Cela pourra aider à clarifier une situation mais aussi à apporter de nouvelles idées dans le cadre de la relation. De plus, elle aide à aborder une nouvelle manière de communiquer, ce qui peut ouvrir à de nouvelles opportunités.

Dans son aspect inversé, les avis risquent d'être un peu trop incisifs, ce qui pourrait causer des conflits pouvant aller jusqu'à la rupture. Il est également question de manque de clarté dans ses propos, ce qui peut provoquer le fait de rester campé·e sur ses idées en étant critique.

GUIDANCE

Vous êtes invité·e à exprimer vos nouvelles idées et inspirations librement sans avoir peur d'être jugé·e.

Votre finesse d'esprit vous permettra de trouver la bonne méthode pour être entendu·e et vous assurer, ainsi, l'ouverture à de nouvelles opportunités.

INTERPRÉTATION

En relation & Célibataire

- Une nouvelle manière de communiquer est mise en place au sein de la relation.
- Clarté, lucidité dans les attentes de chacun.
- Des solutions sont trouvées afin d'apporter de la sérénité dans la relation.
- Des échanges intéressants sont à prévoir. Cela peut apporter un nouvel élan dans votre vie.
- Vous prenez des décisions pour votre bien-être en toute objectivité.
- Vous savez exprimer clairement vos attentes et vos désirs.

Inversé ou en blocage

- Conversation conflictuelle. Difficulté à s'exprimer clairement.
- Sentiment d'échec malgré votre volonté de trouver une solution.
- Vous pouvez rester focalisé·e sur votre vision de la situation sans prendre en compte celle de l'autre.
- Fin de la communication, des échanges ou bien de la relation.

DEUX D'ÉPÉES

AFFIRMATION

Je suis lucide sur la situation que je vis en osant la regarder telle qu'elle est réellement.

EN BREF

Général : Se voiler la face – Déni – Vision bloquée – Indécision – Choix.
Inversé : Refuser de faire un choix – Déchirement intérieur – Accepter la réalité.

PRÉSENTATION DE L'ARCANE

Le deux d'épées annonce très souvent le fait que l'on porte des œillères sur une situation et qu'elle n'est pas abordée de manière objective.

Dans son aspect relationnel, il est question de ne pas voir l'autre personne telle qu'elle est réellement. Par exemple, il est choisi de minimiser ses défauts ou bien une manière d'être qui déplaît en général. Fantasmer une relation ou un·e partenaire devient plus important que la réalité. Il peut donc être question d'être dans le déni, de ne pas se positionner réellement par peur de prendre une décision ou bien de perdre le lien.

Dans son aspect inversé, le deux d'épées indique qu'une difficulté à prendre une décision persiste. Selon les cas, il peut également signifier que l'on accepte enfin de regarder la situation telle qu'elle est et d'en chercher une solution, quitte à prendre une direction totalement inédite pour soi.

C'est une carte qui met le mental et la réflexion à rude épreuve afin de lever le voile sur les idéaux.

GUIDANCE

Il est temps d'aborder la situation avec discernement et d'accepter la réalité telle qu'elle est. Cela sera l'occasion de prendre la décision que vous repoussiez jusqu'ici. En adoptant un regard objectif, vous trouverez le juste équilibre entre la raison et les émotions dans votre choix.

INTERPRÉTATION

En relation & Célibataire

- Volonté de ne pas s'engager.
- Refus de voir d'un œil objectif la relation, les défauts ou qualités du partenaire.
- Se persuader qu'il n'y a pas de problème.
- Émotions bloquées. On préfère ne pas agir ou décider.
- Refus d'accepter une situation, une décision qui fait souffrir.

Inversé ou en blocage

- Prendre une décision.
- Ne pas se positionner.
- Se mettre en retrait et attendre.

TROIS D'ÉPÉES

AFFIRMATION

Je porte un regard plus clair sur mes blessures du passé. Je vais de l'avant en entamant un processus de guérison.

EN BREF

Général : Tristesse – Douleur – Souffrance – Rupture douloureuse – Être trompé·e.
Inversé : Maturité émotionnelle – Blessures toujours présentes – Surmonter ses peurs.

PRÉSENTATION DE L'ARCANE

Le trois d'épées fait référence aux blessures émotionnelles, à la tristesse qui en découle et qui peut être difficile à dépasser. Cette carte vient rappeler qu'il y a des blessures non guéries qu'il serait bon de regarder d'un œil objectif afin de les soigner. Si tel n'est pas le cas, elles reviendront tôt ou tard, autant y faire face une bonne fois pour toutes.

Dans son aspect relationnel, le trois d'épées annonce un chagrin d'amour, le fait d'avoir du mal à guérir de vieilles blessures ou bien la possibilité d'avoir son cœur brisé à cause d'un événement ou d'une personne. Il y a aussi le sentiment de jalousie et la peur de perdre son partenaire qui peuvent dominer l'état d'esprit d'une personne.

Dans son aspect inversé, le trois d'épées amplifie les blessures émotionnelles qui ne sont pas réglées. Il est aussi possible d'accepter de les regarder en face en vue d'un processus de guérison et d'en grandir intérieurement suite à cette nouvelle posture.

Dans un cas comme dans l'autre, cette carte vient remuer émotionnellement, mais si l'on accepte de la regarder avec la volonté de guérir, elle peut aider à faire évoluer.

GUIDANCE

Des blessures restent encore présentes en vous. La douleur et la tristesse peuvent dominer votre état d'esprit en ce moment. Vous êtes invité·e à les regarder avec attention, car elles se manifestent afin de vous aider à entamer un processus de guérison. En osant dépasser ces blessures, vous apaiserez votre esprit et serez prêt·e à vous ouvrir à de nouvelles expériences.

INTERPRÉTATION

En relation & Célibataire

- Des blessures persistent suite à une relation passée, elles interfèrent dans la relation actuelle.
- Le comportement d'un des deux partenaires blesse l'autre. Possibilité que cela fasse écho à des blessures anciennes.
- Rupture qui se fait dans la douleur, avec des paroles ou des actes blessants.
- Chagrin d'amour pas encore guéri et qui bloque la possibilité d'une nouvelle relation.
- Déception dans les relations.
- Vous êtes prêt·e à entamer un processus de guérison en acceptant de faire face à vos blessures.

Inversé ou en blocage

- Une blessure émotionnelle persiste. Difficulté à y faire face.
- Le processus de guérison est entamé, une transformation intérieure est en cours.
- Un cheminement intérieur vous amène à dépasser vos peurs, à vous pardonner et à pardonner aux autres.

QUATRE D'ÉPÉES

AFFIRMATION

Je prends du recul sur ce que je vis actuellement afin de me recentrer sur moi.

EN BREF

Général : Prendre le temps – Ralentir – Se concentrer sur soi – S'accorder un moment de solitude.
Inversé : Fin d'une situation – Stagnation – Blocage – Repos.

PRÉSENTATION DE L'ARCANE

Le quatre d'épées signifie qu'un temps de pause est vivement conseillé. C'est le moment de prendre du temps pour soi, de se ressourcer et de couper net tout lien néfaste pour soi. C'est une carte qui fait également référence au processus de guérison qui peut prendre du temps et qu'il faut respecter. Si vous êtes dans l'attente d'une réponse, le quatre d'épées annonce que vous n'allez pas la recevoir.

Dans son aspect relationnel, une personne prend ses distances et a besoin de se retrouver. Un silence s'installe. Cela peut être mal vécu par l'autre. Mais il faut garder à l'esprit que ce temps de repos est nécessaire afin de se retrouver, de faire le point avant d'entamer quoi que ce soit. Le quatre d'épées peut également annoncer une rupture.

Dans son aspect inversé, le temps de retrait est renforcé et peut être plus long. Cette carte peut également signifier que ce moment a permis une guérison et, par conséquent, une rupture avec des personnes ou que des choix ont été effectués pour un retour au bien-être.

GUIDANCE

Un temps de retrait est nécessaire afin que vous puissiez prendre le temps de réfléchir aux événements passés, mais aussi à vous. Ce moment de ressourcement est indispensable pour que vous puissiez guérir en profondeur de vos blessures, mais aussi pour apaiser votre esprit. En prenant ce temps pour vous, vous retrouverez ainsi votre énergie à part entière.

INTERPRÉTATION

En relation & Célibataire

- Besoin de faire une pause dans la relation pour se retrouver.
- Prendre le temps, ne pas aller trop vite.
- Réfléchir sur la relation, ce qu'elle apporte, ce qui est réellement désiré.
- Temps de pause pour soi nécessaire afin de se ressourcer.
- Ralentir le rythme.
- Besoin de guérir d'une situation ou d'une relation.

Inversé ou en blocage

- Fin d'une relation ou référence à une rupture récente.
- Immobilisme. Besoin important de se retirer.
- Temps nécessaire pour y voir plus clair dans sa situation.

CINQ D'ÉPÉES

AFFIRMATION

Je fais face au conflit, mais je garde à l'esprit de me préserver en me demandant : « Est-ce que cela vaut des sacrifices ? »

EN BREF

Général : Désaccord – Victoires vaines – Communication interrompue – Penser à soi-même et personne d'autre.
Inversé : Pause ou fin du conflit ou d'une épreuve.

PRÉSENTATION DE L'ARCANE

Le cinq d'épées est la carte représentant le conflit, la dispute et les batailles d'ego. Il s'agit de vouloir défendre son point de vue à tout prix. Cette carte vient également interroger sur l'importance de la finalité et de la bataille elle-même.

Dans son aspect relationnel, elle fait référence à des disputes qui, bien souvent, ne sont pas importantes au départ, mais qui peuvent prendre des proportions. Le but est de présenter son point de vue sans chercher à avoir raison absolument. Cela peut créer un déséquilibre dans la relation, laissant croire à une personne qu'elle est supérieure à l'autre. Suivant les cas, le cinq d'épées indique également la présence d'un conflit intérieur qu'il serait bon de résoudre pour ne pas trop s'y attarder.

Dans son aspect inversé, le conflit est toujours présent mais il peut être mis en pause, ou bien l'un des deux protagonistes décide de l'éviter ou encore de faire preuve d'humilité.

GUIDANCE

Il vous est conseillé de ne pas laisser votre ego diriger vos batailles. En effet, il se pourrait que vous montiez au créneau dans le but de déployer votre argumentaire en voulant avoir raison à tout prix, quitte à y laisser du temps et de l'énergie ou bien à dégrader des relations existantes. Essayez de prendre du recul sur les conflits et concentrez votre énergie sur des batailles qui sont vraiment importantes à vos yeux.

INTERPRÉTATION

En relation & Célibataire

- Dispute au sein du couple.
- Bataille incessante. Volonté d'avoir raison.
- Des paroles peuvent être blessantes.
- Conflit intérieur.
- Nécessité de gérer sa colère ou sa déception.

Inversé ou en blocage

- Trêve dans le conflit.
- La dispute est allée trop loin.
- Défaite totale. Difficulté à l'accepter.
- Une personne décide d'abandonner la lutte.

SIX D'ÉPÉES

AFFIRMATION

J'avance vers de nouvelles perspectives en laissant le passé derrière moi.

EN BREF

Général : Voyage – S'éloigner d'une situation difficile pour soi – Changer d'environnement.
Inversé : Difficulté à faire face à une situation – Refus de reconsidérer la situation.

PRÉSENTATION DE L'ARCANE

Le six d'épées évoque le fait de sortir de l'inertie ou bien du conflit en s'éloignant de ce qui ne convient pas. Cette carte est synonyme de mouvement mais aussi de voyage, sur le plan matériel comme sur le plan spirituel, dans le but de faire évoluer son âme vers d'autres sphères.

Dans son aspect relationnel, il est question de tourner une page en s'éloignant physiquement d'une personne ou d'une situation néfaste pour soi et son bien-être. Cette carte évoque également le fait de surmonter les difficultés rencontrées pour se diriger vers un avenir meilleur. Un moment de repos ou de pause, une retraite spirituelle par exemple, peut être envisagé. Cette carte indique également la possibilité d'un déplacement à deux ou bien de la volonté d'aller vers la personne désirée.

Dans son aspect inversé, cette carte accentue le refus de faire face à cette épreuve mais également le fait qu'il est difficile de s'en éloigner. Que ce soit volontaire ou non, la prise de recul n'est pas envisagée. Il y a une notion de résistance au changement et on s'accroche à ce qui est connu.

GUIDANCE

Il vous est conseillé de vous éloigner d'une situation ou d'une personne qui peut vous faire du mal. En prenant de la distance, vous vous permettez de vous ouvrir à de nouveaux horizons. Il peut s'agir d'un déménagement, d'un voyage, de changer une habitude ou tout simplement les meubles de place. Ce sont des étapes importantes afin d'aider à passer à autre chose et à laisser entrer de nouvelles énergies dans sa vie.

INTERPRÉTATION

En relation & Célibataire

- Fin d'une situation difficile dans la relation. Aller au-delà du conflit.
- Besoin de changer d'environnement pour se retrouver.
- Projet de déménagement ou de voyage.
- Vous cessez de penser à une relation passée pour vous tourner vers une nouvelle.
- Nécessité d'apporter des changements dans sa vie en prenant de la distance avec ce qui est négatif.

Inversé ou en blocage

- Difficulté à aller au-delà de la source du conflit.
- Refus d'apporter un quelconque changement dans sa vie.
- Vous n'arrivez pas à prendre de la distance avec ce qui est négatif pour vous.

SEPT D'ÉPÉES

AFFIRMATION

Je cesse de me dérober et j'ose affronter les épreuves que je rencontre.

EN BREF

Général : Malhonnêteté – Intérêt personnel – Se dérober – Mentir aux autres et à soi-même.
Inversé : La tromperie est découverte – Révélations – Se trahir.

PRÉSENTATION DE L'ARCANE

Le sept d'épées est la carte de la tromperie et de la dérobade. Lorsqu'elle sort dans un tirage, elle confirme que quelqu'un choisit de fuir plutôt que de faire face à une situation. Il est également question d'une personne très habile avec les mots, qui sait les utiliser dans le but de dérober quelque chose sans pour autant se dévoiler.

Dans son aspect relationnel, le sept d'épées signifie que quelqu'un ne joue pas franc jeu. Il/Elle dissimule à la perfection ses sentiments ou intentions et fait le choix de fuir afin d'éviter le conflit ou l'explication. Le manque de sincérité et les mensonges impactent la relation. La communication franche est difficile et l'on n'est sûr·e de rien.

Dans son aspect inversé, la tromperie est révélée, intentionnellement ou pas. Mais, au moins, vous êtes fixé·e. De plus, le sept d'épées indique qu'à trop mentir, il est possible de se trahir.

GUIDANCE

Se dérober n'a jamais réglé les problèmes, bien au contraire. Il s'agit d'une fuite en avant qui vous soulage sur le moment, mais qui ne fait que retarder l'échéance. Le moment est venu pour vous d'affronter la situation. Exprimer votre vérité vous aidera à assumer votre position et à vous décharger de tout ce qui pouvait vous empêcher de vous sentir en paix.

INTERPRÉTATION

En relation & Célibataire

- L'un des deux partenaires cache quelque chose à l'autre.
- Tendance à éviter une situation conflictuelle en fuyant ou en se dérobant.
- Approche stratégique pour arriver à ses fins.
- Ne pas vouloir affronter une situation.
- Se dérober à soi-même.
- Une personne de votre entourage ne joue pas franc jeu.
- Manque de confiance dans la relation.

Inversé ou en blocage

- Bonne ou mauvaise, la vérité est révélée.
- Révéler les faits sans en avoir la réelle intention.
- La supercherie dévoilée, il faut assumer.

HUIT D'ÉPÉES

AFFIRMATION

Je me libère de mon sentiment d'impuissance en sortant de mes vieux schémas de pensée et en prenant conscience de mon potentiel.

EN BREF

Général : Autosabotage – Croyance limitante – Sentiment d'être piégé·e – Contrainte.
Inversé : Se libérer des pensées bloquantes – Paralyser par la peur – Supprimer les obstacles.

PRÉSENTATION DE L'ARCANE

Le huit d'épées est la carte des croyances limitantes ainsi que de l'autosabotage. Il est possible de se sentir incapable d'agir ou bien ne pas voir sa valeur. C'est très souvent dû à ce qui a longtemps été répété, notamment durant l'enfance. Cette carte met le doigt sur les influences extérieures qui peuvent bloquer, voire paralyser.

Dans son aspect relationnel, il est fort probable de ne pas se sentir à la hauteur face au/à la partenaire, de penser que la relation ne peut pas être vécue ou bien de croire qu'il est impossible d'aimer ou d'être aimé·e. Le manque de confiance en soi est très présent : on n'arrive pas à concevoir une issue positive. Il est possible de se sentir bloqué·e.

Dans son aspect inversé, la peur a pris tant de place que la paralysie persiste. À l'inverse, il peut y avoir une prise de conscience de sa propre valeur. Se libérer des pensées limitantes pour enfin se connecter à soi devient alors possible.

GUIDANCE

Il vous est vivement conseillé de vous libérer de toute pensée limitante. Vous pensez qu'il n'y a pas d'issue, que tout est perdu, et pourtant il y a une solution. En vous libérant de ce mode de pensée, vous percevrez votre beauté et votre valeur, ainsi que les possibilités existantes. Gardez bien à l'esprit que vous êtes la seule personne à connaître votre réelle valeur, le tout est d'accepter de la voir.

INTERPRÉTATION

En relation & Célibataire

- La relation ne vous satisfait pas, vous vous sentez bloqué·e et vous ne savez pas comment en sortir.
- Vos doutes et vos peurs prennent le dessus sur la réalité.
- L'un des deux partenaires bloque l'évolution de la relation suite à certaines croyances.
- Vos pensées incessantes vous bloquent et vous empêchent de vivre ce que vous désirez.
- Vous avez tendance à vous autosaboter et à ne pas voir votre valeur et, par conséquent, vous vous empêchez, intentionnellement ou pas, de vivre une relation.

Inversé ou en blocage

- Vous vous libérez de ce mode de pensées limitantes.
- Les peurs ont pris le dessus sur le reste et vous restez paralysé·e. Il vous est difficile de changer de mode de pensée.
- Ne plus se sentir victime et reprendre confiance en soi et sa valeur.

NEUF D'ÉPÉES

AFFIRMATION

Je prends conscience de mes inquiétudes et de mes blessures les plus profondes afin de les transformer.

EN BREF

Général : Angoisse – Torture mentale – Accablement mental – Chagrin obsessionnel.
Inversé : Prise de distance avec les peurs – Angoisses dominantes.

PRÉSENTATION DE L'ARCANE

Le neuf d'épées fait référence aux peurs et aux angoisses ressenties et qui peuvent devenir obsessionnelles. Elles sont souvent fondées, mais le mental peut leur faire prendre une ampleur disproportionnée. Cela a pour effet de se perdre dans une détresse permanente qui entraîne vers des idées noires au point que cela peut devenir une torture mentale. Le but est d'arriver à prendre du recul sur ces pensées.

Dans son aspect relationnel, il est question de se tourmenter à propos d'une situation passée, de laisser les peurs nous envahir au point d'être déconnecté·e de la réalité. Le mental est très présent et peut donc jouer des tours, jusqu'à créer un climat anxiogène. Il est possible de s'isoler. La relation sombre dans un malaise ou bien un conflit dont il peut être complexe de sortir.

Dans son aspect inversé, il est question d'arriver à prendre de la distance avec ses peurs et angoisses afin d'être en paix. À l'inverse, il est fort possible d'être complètement dépassé·e par celles-ci et, par conséquent, de sombrer dans la dépression.

GUIDANCE

Vous vous laissez envahir par vos peurs, ce qui peut vous pousser dans des tourments incessants. Il vous est conseillé de prendre le temps d'analyser chaque peur et de vous interroger. Sont-elles fondées ? Avez-vous des preuves concrètes ? Si la réponse est négative, il serait bon de prendre de la distance avec elles afin d'alléger votre esprit et d'arrêter de ruminer.

INTERPRÉTATION

En relation & Célibataire

- Une situation vécue au sein du couple vous tourmente et vous n'arrivez pas à prendre du recul.
- Vous vous en voulez pour une dispute, un malentendu, au point de vous persuader que vous avez mal agi.
- Vos peurs et vos tracas vous poussent à imaginer le pire concernant votre relation.
- Vous ressentez du stress et de l'anxiété suite à une relation ou une situation passée.
- Vous n'arrivez pas à vous remettre d'un chagrin au point de l'avoir à l'esprit constamment.
- Vos angoisses prennent le dessus. Vous vous laissez submerger et vous coupez tout lien social.

Inversé ou en blocage

- Vous vous rendez compte que vos peurs étaient infondées.
- Les angoisses sont toujours présentes, mais elles s'estompent de votre esprit et vous commencez à vous sentir mieux.
- Fin de la torture mentale, vous réussissez à la dépasser.

DIX D'ÉPÉES

AFFIRMATION

Je me libère d'anciennes résistances afin d'accueillir un nouveau cycle dans ma vie.

EN BREF

Général : Souffrance – Prise de conscience – Occasion de se libérer – Clarté d'esprit et perspicacité retrouvées.
Inversé : Apitoiement sur soi exagéré – Impression que la vie est contre soi – Lâcher-prise – Ne pas accepter la fin.

PRÉSENTATION DE L'ARCANE

Le dix d'épées évoque le fait d'être abattu·e face à une situation ou bien une personne. L'esprit est embué par des ruminations et un apitoiement sur son sort. Il est possible de se laisser envahir par des pensées négatives suite à une déception ou une tromperie. Mais le dix d'épées annonce la fin d'un cycle et invite à prendre du recul sur ces pensées et à lâcher prise. C'est une période propice pour que les tourments touchent à leur fin et qui ouvre un cycle plus lumineux.

Dans son aspect relationnel, il peut être question de la fin d'une relation suite à une déconvenue. On se rend compte que cette relation procurait plus de soucis que de bonheur. Il peut également être question d'accepter de mettre fin à un projet, une direction choisie, car il y a quelque chose de mieux ailleurs.

Dans son aspect inversé, le dix d'épées évoque le fait de s'accrocher à une situation ou une personne coûte que coûte, même si ce n'est pas bénéfique pour soi. Accepter une défaite ou bien une fin est très difficile. À l'inverse, on peut décider d'affronter son chagrin. Une force de caractère se développe et une guérison peut être entamée.

GUIDANCE

Vous vous sentez abattu·e face à des événements récents au point de penser que vous ne pouvez pas sombrer plus bas. Vous pouvez sortir de ce supplice mental en changeant de regard et en acceptant de vous détacher de ce qui est néfaste pour vous. Un nouveau départ est à votre portée, il vous appartient de vous y engager.

INTERPRÉTATION

En relation & Célibataire

- Vous vous accrochez à cette relation alors que vous n'êtes pas totalement satisfait·e ou bien dans votre peau.
- Vous avez tendance à vous apitoyer sur votre situation sans en voir le côté lumineux.
- Difficulté à lâcher prise sur une relation passée. Il serait positif pour vous de prendre conscience que cette rupture est un cadeau plutôt qu'un échec.
- Tendance à tout voir en noir et à frôler la dépression.

Inversé ou en blocage

- Vous n'arrivez pas à vous résoudre au fait qu'une relation soit terminée et vous vous y accrochez au point de vous victimiser.
- Vous acceptez qu'une situation touche à sa fin et êtes prêt·e à rebondir sur une nouvelle période.

PAGE D'ÉPÉES

AFFIRMATION

Je m'intéresse à un nouveau domaine. Je me lance dans un nouvel apprentissage.

EN BREF

Général : Curiosité – Communication – Désir d'apprendre – Prêt·e à l'action.
Inversé : Détachement – Distance – Observation de loin sans action.

PRÉSENTATION DE L'ARCANE

Le page d'épées apporte de la fougue, de l'entrain, de la curiosité dans un nouveau domaine d'apprentissage. Avec lui, l'envie d'approfondir un sujet, de découvrir de nouvelles choses, mais aussi d'être prêt·e à relever les défis est présente. L'esprit est affûté et disposé à intégrer de nouvelles informations.

Dans l'aspect relationnel, cela va se traduire par une personne remplie de curiosité et de désir d'en apprendre plus afin de s'ouvrir à de nouvelles expériences. Avec lui à ses côtés, il va y avoir de l'action, mais quelque chose de positif : il va être question de récolter des informations afin de partager des moments inédits, comme en vivant de nouvelles expériences à deux. Il faut être prêt·e à faire face à une personne bien décidée, pleine d'énergie et ayant la volonté d'aller au bout de ses investigations.

Dans son aspect inversé, des retards dans les échanges, une prise de distance est faite sans que l'on comprenne pourquoi exactement. La fougue du début a laissé place à du silence ou à des discussions où le fond des choses n'est pas abordé, voire intentionnellement caché. Le désir d'apprendre n'est plus présent, le repli sur soi est préféré.

GUIDANCE

C'est le moment idéal pour vous lancer dans un nouvel apprentissage, une nouvelle expérience, afin de découvrir de nouvelles facettes de votre personnalité. Il vous est recommandé d'approfondir un sujet et de vous nourrir intérieurement. Il s'agit là d'éléments importants qui vous seront utiles en temps voulu, ou qui vous ouvriront les portes d'un nouveau monde.

INTERPRÉTATION

En relation & Célibataire

- Période propice pour de nouvelles expériences à deux.
- Vous vous intéressez en profondeur à votre partenaire.
- Des conversations pleines d'enthousiasme et d'entrain peuvent avoir lieu. Attention à ne pas être trop franc·he.
- Vous vous intéressez à de nouveaux domaines, une nouvelle formation est en vue.
- Vous vous inscrivez sur des applications de rencontre, vous êtes prêt·e à faire de nouvelles expériences et rencontres.
- Communication exaltante.

Inversé ou en blocage

- Ne pas vraiment s'intéresser à une personne ou un domaine.
- Préférence à ne pas agir et à observer de loin, sans interaction avec quiconque.
- Pas de communication en vue.

CAVALIER D'ÉPÉES

AFFIRMATION

Je clarifie mon esprit afin d'analyser au mieux la situation et d'agir en conséquence.

EN BREF

Général : Message – Clarté d'esprit – Détermination – Être bien informé·e – Analyse de la situation.
Inversé : Tendance à l'impulsivité – Militantisme – Conflit – Critique – Indiscrétion – Dépourvu·e de tact.

PRÉSENTATION DE L'ARCANE

Avec le cavalier d'épées, la communication est établie. Il assure la réception d'un message de manière rapide. En effet, c'est l'un des messagers les plus vifs. Le cavalier d'épées a besoin de temps pour clarifier son esprit, réfléchir à toutes les informations qu'il a à sa portée et puis, une fois qu'il a tout analysé, il fonce avec vivacité.

Dans son aspect relationnel, il s'agit d'une personne franche, déterminée, qui sait ce qu'elle veut. Il faut parfois s'attendre à quelqu'un d'un peu abrupt. Il est fort probable que de longues conversations aient lieu, car le cavalier d'épées sait argumenter et défendre ses idées.

Dans son aspect inversé, il est question d'une personne dépourvue de tact, parfois critique, pouvant se montrer dure et détachée de toute forme de sentiment ou d'empathie. Un conflit n'est pas vraiment loin. Il se peut que la communication soit retardée, ce qui peut être finalement bénéfique.

GUIDANCE

Votre quête de vérité vous pousse à vous informer soigneusement sur un sujet avant d'entamer un débat. Une fois les informations récoltées, vous aurez les arguments nécessaires pour défendre vos idées avec fougue. Cela vous aidera à agir avec sagesse au lieu de faire preuve d'impulsivité et de heurter vos interlocuteurs.

INTERPRÉTATION

En relation & Célibataire

- Échanges pleins de vivacité et d'enthousiasme.
- Être face à une personne pour qui s'exprimer est aisé et qui connaît son sujet.
- Conversation sérieuse. Choisissez bien vos mots.
- Échange de messages suite à une nouvelle rencontre.
- Vous vous concentrez sur ce que vous désirez vraiment et faites preuve de détermination.
- Se lancer à fond dans un domaine après s'être renseigné·e.

Inversé ou en blocage

- Esprit critique, tendance à avoir le verbe incisif.
- Défendre de manière vive un sujet qui est maîtrisé.
- Dispute possible suite à une discussion.
- Manque de communication. Un message tarde à arriver.

REINE D'ÉPÉES

AFFIRMATION

Mon esprit d'analyse m'aide à m'affirmer en osant dire ce que je pense.

EN BREF

Général : Franchise – Fort caractère – Indépendance – Esprit analytique – Objectivité – Perspicacité.
Inversé : Cœur endurci – Dur·e envers soi et les autres – Solitude – Entêtement – Porte des jugements.

PRÉSENTATION DE L'ARCANE

La reine d'épées représente une personne franche, avec un fort caractère et un sens de l'analyse aiguisé lui permettant d'être juste dans son jugement.

Dans son aspect relationnel, son esprit analytique l'aide à savoir très vite à qui elle a affaire. En cas de doute, elle saura trancher tout en restant objective et en analysant toutes les informations qu'elle a à disposition. Sa franchise peut gêner mais, avec elle, vous savez ce qu'il en est réellement. C'est une partenaire avec un fort tempérament mais elle se montrera toujours honnête.

Dans son aspect inversé, son fort caractère peut se transformer en cœur de pierre, parfois pour se protéger, mais cela peut révéler une solitude subie. Son entêtement pourrait lui causer du tort en provoquant des blocages qui semblent indépassables. En cas de conflit, la discussion risque d'être difficile.

GUIDANCE

Vous êtes convié·e à mettre votre sens de l'analyse à profit afin de déceler le vrai du faux. Cela vous permettra d'affirmer votre caractère et votre position face à tout type de situation. Vous êtes entendu·e et considéré·e. Cela dit, ne soyez pas trop dur·e envers vous-même et votre entourage.

INTERPRÉTATION

En relation & Célibataire

- Votre esprit logique permet une communication franche et directe avec le/la partenaire.
- Faculté à prendre des décisions en toute objectivité et intelligence.
- Difficulté à laisser entrer une nouvelle personne dans sa vie, suite à des déceptions dans le passé.
- Votre franchise peut désarçonner, mais elle vous permet d'analyser rapidement qui est en face de vous.

Inversé ou en blocage

- Vos paroles et votre jugement peuvent être blessants.
- Vous vous montrez dur·e et intransigeant·e.
- Il est conseillé de se détacher de vieilles rancunes.
- Une personne avec un fort tempérament.
- Il est possible que l'on vous craigne.

ROI D'ÉPÉES

AFFIRMATION

Je fais preuve d'analyse et de logique afin de résoudre la situation que je rencontre.

EN BREF

Général : Sens de l'analyse – Rétablir l'ordre – Discernement – Être direct·e.
Inversé : Manque de discernement – Abus de pouvoir – Absence de scrupules – Ego trop présent.

PRÉSENTATION DE L'ARCANE

Le roi d'épées incarne une personne intelligente, qui réfléchit beaucoup, voire trop, qui fait preuve de logique afin de trouver des solutions face aux problèmes qu'elle rencontre.

Dans son aspect relationnel, il vient démêler une situation afin d'en assurer le bon fonctionnement. Il se montre dur, mais c'est nécessaire, selon lui. Il est détaché de tout sentiment, car la logique prend le dessus dans son esprit. Il sait prendre des décisions et peut même endosser le rôle de responsable. Il sait gérer et il le montre sans problème.

Dans son aspect inversé, il s'agit d'une personne intransigeante, stricte, et qui ne change pas de cap si vous avez le malheur de lui dire que sa façon d'agir ou bien ses décisions ne sont pas si bonnes que ça.

GUIDANCE

Il est nécessaire pour vous de rétablir de l'ordre dans une situation ou une relation. Osez exprimer votre vision et prenez une décision en conséquence. Votre jugement et votre sens de l'analyse vous aideront à faire le bon choix pour une meilleure entente.

INTERPRÉTATION

En relation & Célibataire

- L'un·e des deux partenaires prend les choses en main pour trouver une solution à un problème dans la relation.
- Une personne ne montre pas ses émotions mais elle saura exprimer de manière juste sa vision de l'union.
- Analyse objective de la relation lors d'une conversation.
- Vous êtes à la recherche d'une personne avisée, réfléchie, et qui sait prendre ses responsabilités.
- Une personne ne montre pas ses émotions mais ses paroles peuvent rassurer.
- Vous avez besoin d'exprimer votre vision, votre opinion, et de le faire avec intelligence.

Inversé ou en blocage

- Vous êtes face à un mur. Impossible de savoir ce que l'autre pense ou désire. À moins qu'il ne s'agisse de vous.
- Une personne abuse de son pouvoir ou bien de son emprise sur les gens.
- Refus de se positionner ou de prendre des décisions.

TIRAGES

PRÉPARATION AUX TIRAGES

Avant d'aborder la partie pratique avec les différentes propositions de tirages, voici quelques conseils afin de vous permettre d'affiner l'interprétation des cartes. Il y a plusieurs points importants à prendre en compte lorsque l'on procède à un tirage avec le tarot.

★ Les arcanes majeurs

Lorsqu'ils apparaissent dans un tirage, le message qu'ils délivrent est important : cela annonce des événements qui durent dans le temps. De plus, ils peuvent représenter les personnes concernées dans un tirage, afin d'en comprendre la psychologie.

★ Les arcanes mineurs

Lorsqu'ils apparaissent dans un tirage, l'action ou l'état qu'ils annoncent est à court terme. Par exemple, une mauvaise nouvelle ou bien un état de stress passager.

★ Les personnages de la cour

Ils peuvent représenter les personnes concernées par le tirage et donc apporter des informations sur leur état d'esprit ou leur positionnement par rapport à la situation vécue.

★ La numérologie

Elle peut permettre d'affiner l'interprétation. Par exemple, s'il y a une majorité de 4 dans un tirage, cela apporte des informations complémentaires quant à la signification des cartes.

Voici un mémo rapide des mots-clés en lien avec chaque numéro :
1 : Début, commencement.
2 : Association, mise en commun.
3 : Communication.
4 : Construction, stabilité.

5 : Exploration, indépendance.
6 : Union, responsabilité.
7 : Réflexion intérieure, observation.
8 : Aller au fond des choses, investissement.
9 : Découverte, finalisation, atteinte de l'objectif.
10 : Fin d'un cycle, début d'un autre.

★ Les familles

S'il y a une dominance d'une famille dans le tirage, cela donne des indications complémentaires sur l'énergie qui imprègne le tirage.

Voici un mémo rapide des différentes familles :

- Les coupes : tout ce qui est lié aux émotions, à la relation.
- Les deniers : tout ce qui touche à l'aspect financier, au matériel et au foyer.
- Les bâtons : tout ce qui est en lien avec les impulsions, l'action.
- Les épées : tout ce qui touche au domaine du mental, de la réflexion.

★ Dernier conseil

Il est bon de prendre en compte que, lorsque l'on procède à un tirage, l'interprétation donnée n'est pas figée. Elle donne des informations au moment du tirage. Mais comme tout évolue, la réponse à une même question peut évidemment évoluer avec l'apparition d'éléments nouveaux.

TIRAGES AMOUR DE SOI

Dans cette partie, vous trouverez des propositions de tirages pour vous reconnecter à l'amour et à l'estime de soi.

C'est une partie importante, car elle est, à mon sens, la base pour aborder au mieux une relation, quel que soit le domaine. Avant de s'y projeter, il faut se poser les bonnes questions sur le lien d'amour avec soi. Selon les expériences de chacun, il peut falloir du temps pour apprendre à s'aimer, à se mettre en priorité et à porter un regard bienveillant sur soi.

Que vous soyez en couple ou célibataire, voici plusieurs tirages afin d'aider à prendre conscience de votre valeur, et à reprendre confiance en vous.

Notes : si vous le souhaitez, vous pouvez incarner la Grande Prêtresse en faisant un travail d'écriture en répondant aux questions directement par écrit, en laissant aller votre mental et en étant connecté·e à votre esprit. De beaux messages et de belles vérités peuvent se manifester.

◈ Message « Amour de soi »

Si vous ressentez le besoin de recevoir un message conseil en lien avec l'amour de soi, je vous invite à piocher une carte et à découvrir le message directement à la page concernée par l'arcane dans la partie guidance.

◈ Que dois-je travailler afin de m'épanouir ?

1 – Qu'est-ce que je souhaite faire ?
2 – Pourquoi ne l'ai-je pas encore fait ?
3 – Qu'est-ce qui m'en empêche ?
4 – Comment me lancer ?

◈ Comment cultiver l'amour de soi ?

1- Qu'est-ce qui me procure de la joie ?
2- De quoi ai-je besoin en priorité ?
3- Comment l'intégrer dans mon quotidien ?
4- Message d'amour conseil.

◈ Quelle est ma force insoupçonnée ?

1- De quelle manière me vois-je ?
2- Quelle est la manière dont les autres me perçoivent ?
3- Pourquoi ne vois-je pas ma valeur ?
4- Conseil pour m'y aider.

◈ Comment me défaire de certaines peurs ?

1- Quelle peur domine actuellement ?
2- De quoi ai-je besoin pour la dépasser ?
3- Quelle est ma puissance intérieure ?
4- Comment rester concentré·e sur ma valeur ?

◈ Comment prendre soin de moi ?

1- De quoi ai-je besoin ?
2- Comment me le procurer ?
3- Pourquoi ne l'ai-je pas déjà mis en place ?
4- Carte conseil.

◈ Tirage pour « repimper » mon estime de moi

1- Quelle est ma force ?
2- Quelle est ma valeur ?
3- Qu'est-ce que je transmets aux gens naturellement ?
4- Pourquoi ne peuvent-ils pas se passer de moi ?

◈ Tirage pour travailler son estime de soi

1- Que dois-je faire pour améliorer mon estime de moi ?
2- Que dois-je faire pour prendre conscience de ma valeur ?
3- Comment m'aimer plus ?
4- Que mettre en place pour rester dans cet état d'esprit ?

TIRAGES CÉLIBATAIRE

La période de célibat est à voir comme un précieux cadeau, car c'est une période qui donne l'occasion de se découvrir, d'apprendre à aimer sa solitude et à en faire sa meilleure alliée. C'est également une période qui permet de panser ses blessures, de prendre du temps pour soi, de se chouchouter et de faire ce que l'on veut, quand on le veut. Elle permet de faire naître un élan de liberté qu'il sera difficile d'abandonner.

Cette partie est donc dédiée à des tirages pour les célibataires souhaitant recevoir des conseils pour mieux vivre cette période, si elle est abordée de manière négative. Les tirages proposés aident également à comprendre les expériences du passé afin de se tourner vers un futur qui convienne mieux, mais aussi à faire un travail intérieur.

◈ Qu'est-ce qui cloche chez moi ?

1 – Qu'est-ce que je ressens face à ma situation de célibat ?
2 – Pourquoi ne fais-je pas de vraies rencontres amoureuses ?
3 – Pourquoi ça ne marche pas ?
4 – Comment perçois-je la situation ?
5 – Qu'en est-il réellement ?
6 – Quel regard dois-je porter sur moi ?

◈ Comment me préparer à la prochaine rencontre ?

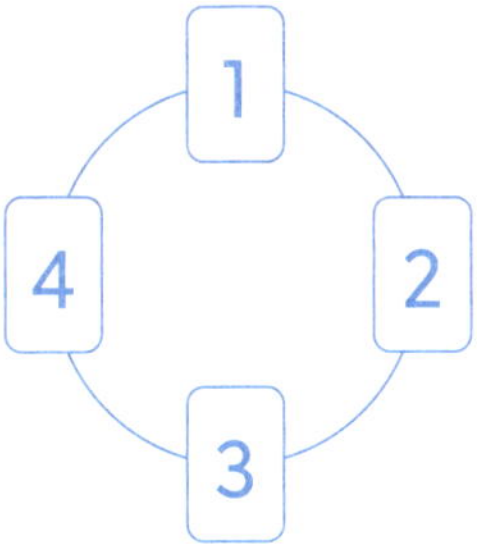

1 – Ce que je dois guérir/travailler.
2 – Ce que je dois privilégier.
3 – Quelle est la force en moi dont je dois prendre conscience ?
4 – Carte conseil.

◈ Comment vivre au mieux mon célibat ?

1 – Quelle pensée négative domine actuellement ?
2 – Comment s'en éloigner ?
3 – Sur quoi dois-je me concentrer ?
4 – Carte conseil.

◈ Comment m'épanouir durant mon célibat ?

1 – Que dois-je faire pour me mettre en priorité ?
2 – Qu'est-ce qui me procure de la joie en ce moment ?
3 – Comment me projeter dans le futur ?
4 – Carte conseil.

◈ Comment m'ouvrir à de nouvelles personnes (sur un plan sentimental, amical) ?

1 – Comment faire de nouvelles rencontres ?
2 – Quel *mood* dois-je adopter ?
3 – Quelle est ma force pour attirer les bonnes personnes ?
4 – À quels obstacles dois-je faire face ?

TIRAGE RELATIONNEL

Cette partie concerne les relations sentimentales, mais aussi amicales, selon les questions. Ces tirages vont vous éclairer sur la situation vécue et permettre de recueillir tous les conseils nécessaires à leur compréhension.

◈ Comment va évoluer la relation avec… ?

Que la rencontre vienne d'avoir lieu, que la relation en soit à ses débuts ou bien qu'elle soit déjà installée, ce tirage peut vous aider à y voir plus clair.

1	2	3	(1 : Passé)
4	5	6	(2 : Présent)
7	8	9	(3 : Futur)

Passé : représente les blocages, ce qui empêche d'avancer en lien avec le passé de chacun, les problèmes rencontrés dans la relation.

Présent : ce qui se vit actuellement, comment la relation peut être perçue et vécue.

Futur : futur probable. Aide à avoir des éléments sur l'évolution de la relation.

◈ Éclairage sur la situation actuelle, pour mieux comprendre l'état d'esprit de chacun.

(en forme de cœur)
Pour ce tirage, on part du principe que la personne qui tire les cartes est « A », « B » étant la personne avec qui elle vit la relation.

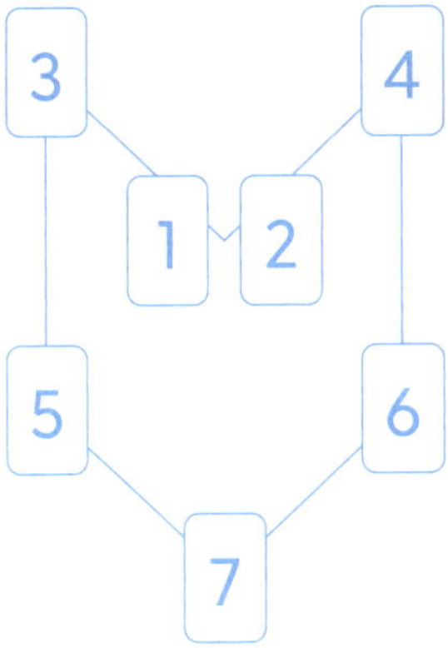

1 : L'état d'esprit de A.
2 : L'état d'esprit de B.
3 : Comment A se sent dans la relation avec B.
4 : Comment B se sent dans la relation avec A.
5 : Ce que A n'aime pas dans la relation avec B.
6 : Ce que B n'aime pas dans la relation avec A.
7 : Message au sujet de la relation, par exemple concernant l'évolution possible.

◈ Comment retrouver l'harmonie dans notre relation ?

1 - Comment A se sent-il ?
2 - Comment B se sent-il ?
3 - Qu'est-ce qui manque ?
4 - Que faire pour le rendre possible ?

◈ Début de relation

Tirage simple et rapide pour avoir une idée du ressenti de chacun des protagonistes au sein de la relation :
1 - Ressenti de A
2 - Ressenti de B

◈ Comment se préparer à une conversation importante ?

1 – Quelle posture dois-je adopter ?
2 – Comment aborder le sujet important ?
3 – Qu'est-ce que je dois privilégier dans cet échange ?
4 – Quelle est ma force ?
5 – Message conseil pour l'aborder plus facilement.